東大で教えた社会人学

人生の設計篇

草間俊介 Kusama Shunsuke＋畑村洋太郎 Hatamura Yotaro

文藝春秋

東大で教えた社会人学

◉目次

はじめに●畑村洋太郎 4

第一章
働くことの意味と就職
＃1 混迷の度を深める世界と日本 18
＃2 台頭する中国経済 35
＃3 日本の復活と技術者の未来 46
＃4 大学の選択 57
＃5 なぜ働くのか 61
＃6 就職する前に 69
＃7 大企業か中小企業か 75

第二章
会社というもの
＃8 会社の選び方 84
＃9 会社の組織 94
＃10 会社の本質 99
＃11 技術者の特質と陥りやすい欠点 104
＃12 成功する技術者 110

第三章
サラリーマンとして生きる
＃13 工学部出身会社員の人生時系列 122
＃14 年齢と年収 132
＃15 所得と税金 137

#16 時代を生きる 147
#17 実力主義の台頭 152
#18 企業理念の変質と崩壊 159

第四章 転職と起業

#19 転職の心得 166
#20 起業・独立の心得 172
#21 会社と個人 183
#22 親分と子分 186

第五章 個人として生きる

#23 結婚と家庭生活 192
#24 子供と教育 199

#25 離婚 204
#26 住宅取得 209
#27 人生とお金 217

第六章 人生の後半に備える

#28 老後 224
#29 介護 230
#30 相続 234
#31 借金 242
#32 保険 249

聴講記●畑村洋太郎 258
おわりに●草間俊介 263

はじめに

畑村洋太郎

▼この本のなりたち

本書は東京大学工学部機械科で実際に行われてきた講座、『産業総論』の講義内容に基づいて、人が実社会の中で生きていくために必要な基礎知識を大学の講義形式で取りまとめた『社会人学』のテキストである。

『産業総論』は一九八〇年代の後半から始まって現在も続いている人気講義で、産業や技術に関わるあらゆる事象を総括的に取り扱ってきた。

技術者というのは自分の専門分野や隣接分野に関しては非常に詳しいが、ともすれば産業や技術全体を見渡す俯瞰した視点に欠ける。そこで産業の全体像、技術の全体像を捉えられるような技術者を輩出することを目的に考案されたプログラムが『産業総論』だ。

まず始めに、この『産業総論』が生まれた経緯について説明しておきたい。

日本が戦後の高度成長期に突入した一九六〇年代当時、東大工学部機械科の学生数は非常に少なく、私が本郷に進学した六二年には工学部全体で五〇〇人程度しかいなかった。これでは日本の産業をきちんと支えていくのに十分な人材をとても供給できない。ということで、学生数の大幅増員を目指すことになり、併せて新学科を増設した。既存の機械工学科に加えて、新しくできたのが産業機械工学科と舶用機械工学科だった。舶用機械工学科というのはいかにも造船業が日本の花形産業だった時代の古めかしいネーミングで、後に兄弟学科であった造船学科などとともに時代に合わせて変わっていく。

七〇年代、工学部の学生数は当初の目論見どおりの約一〇〇〇人になった。しかし、今度は刻々変化する時代のニーズに大学の授業内容がそぐわないという問題が浮上してくる。

工学部というのは伝統的に重厚長大型の産業や技術の研究を行ってきたし、授業内容もどうしても重厚長大向けのものになる。しかし、鉄鋼や造船などの重厚長大産業が斜陽化してくると、大学の研究成果などまったく世の中の役に立たない。重厚長大の分野では新しいものを試すことがあまり求められない。過去に出来上がったものを愚直になぞっていく性格が非常に強いのである。

現実問題として、すでに造船業は不人気就職先になっていたから、船用機械工学科は成績のよくない学生しか来ない学科になっていた。

八〇年代に入って、世の中の情勢と大学の授業内容の乖離《かいり》がいよいよ明らかになるに及んで、カリキュラムを根本的に変えようという声が学部内部から高まり、その取り組みが始まった。

それまで機械科で行われる授業では、〝モノ〟に関する技術解説ばかりをやっていた。機械工学の世界は材料力学、機械力学、熱力学、流体力学の四力学が基本だが、言ってみればこれは一九世紀の工学だ。学生にとっては埃臭い力学理論よりもエレクトロニクスやロボット工学、情報工学といった新しい分野のほうがキラキラ輝いて見えるということで、それらを取り入れていった。

また機械科で教えていた専門技術、たとえば切削加工にしても塑性加工にしても、生産の現場では非常に大事な技術だ。しかし、そんな狭い路地に入り込んだような技術論をすべての学生に教え込む意味があるのかといえばそんなことはない。それよりも大事なのは、産業や技術の全体像を立体的にとらえる視点である。そこが今までのカリキュラムはすっぽりと抜け落ちていた。

今の大学教育は視野の狭い、ナローサイトの学生ばかりを世に送り出していて、本当に産業界全体を背負って立つような人材の供給ができていないではないか――。そんな声が当時の産業界からも聞こえてきていた。

工学部の改革は教師の入れ替え、プログラム刷新、最終的には学科を作り直そうという話にまでなる。その過程でカリキュラムに新しく組み入れたのが、『産業総論』という講義だったのである。

▼社長になれる技術者

産業や技術を立体的に見る話は確かに面白い。だが、実際に授業をやってみると、私にはまだ足りないものがあるように感じた。

それは技術者が技術を背景として社会に出て行くときに、どんなことが起きるのか、何をするべきなのか、どういう考え方が必要なのかという、いわば社会の全体像を捉える視点である。

技術者の仕事はもちろん生産と研究開発だ。研究開発で成果を上げれば自己満足が得られるし、周囲からも認めてもらえる。その意味でいえば、技術者は自分の専門領域の狭い範囲だけを見ていても生きていける。自分の仕事に没頭していればいいのだから、会社の人事や世の中で起きていることにあまり関心を払わない。

ビジネスマンは年齢が進んでいくに従って、現場の仕事よりも組織のマネジメント能力や時代に対応するビジョンや戦略を作り出す能力が求められるようになる。しかし、技術者の多くはそういう訓練を積んできていない。企業のトップマネジメントに理科系出身者が少ないのはそうした構造的理由による。

一方、私は失敗学を提唱する立場から、さまざまな企業の事故や失敗を取り扱ってきた。事故や失敗が起きる直接的な原因やシステムはそれぞれに違うが、共通して感じるのは会社を動かすトップマネジメントに技術的な理解が圧倒的に不足しているということだ。

もっと技術に通じた経営者が世に出てくるべきだと常々感じていたものの、大学では一介の技術者を養成するような教育しかやってこなかった。そこで『産業総論』の授業を活用して、産業や技術の世界にとどまらず、人の動き、組織の動き、経済の動き、金の動きなど広い視野で社会の全体像を捉えられる人材を育成しようと考えた。つまるところ、「社長になれる技術者」を作りたかったのである。

適任の講師もいた。機械工学科出身のＯＢである草間俊介氏だ。

草間氏は技術系の人間でありながら商社に就職した変わり種で、卒業後も在学当時に講師だった私と親交を続けていた。商社マンだからモノが社会の中でどう動いているのか、人や組織がどう動くのかをよく勉強しているし、社会情勢にも詳しい。何より、仕事先の技術者と多くのつき合いがあるので、世の中の何を見ていないと技術者として立ち行かないか、ということをよく知っている。

「自分なりの考えをまとめて、学生に話をしてやって欲しい」という勝手な要望を草間氏に快諾していただき、『産業総論』の講師の一人として迎えることになった。

『産業総論』の授業は前期後期でそれぞれ年一二〜一三回ほどあり、そのうちの一コマ、多い年には二コマを草間氏が担当した。

講義のテーマは『技術者に必要な社会常識と経済常識』。技術系出身の先輩社会人が自らの実体験を交えて進める講義は学生たちの支持を集め、『産業総論』の授業の中でも一番人気になった。まさに彼が教えていることが、学生たちにとっても一番知りたいことだったのである。

私が二〇〇一年に定年で東大を退官した後も『産業総論』の担当教授から依頼を受け、草間氏は現在も引き続き東大工学部の教壇に立っている。

▼人生を企画するために

『技術者に必要な社会常識、経済常識』の授業がスタートしてからすでに一〇年以上が経過した。草間氏は年ごとに授業内容を練り直し、新しい情報を盛り込んできた。

社会常識を突き詰めていけば法律や税金の知識は不可欠だし、経済常識を理解するためにはマクロの経済情勢から企業経営の基礎、たとえばバランスシートの見方や金利の仕組みといった財務知識まで必要になってくる。

講義の内容は年々充実したものになっていくのに、限られた授業時間の中ではとてもすべてを伝えきれない。膨大な知恵や知識が日の目をみないままストックされていくのが私には実にもったいないことのように思えた。

草間氏の講義をまとまった形で世の中に出すべきではないか。東大工学部という日本の産業をリードする技術者を数多く輩出してきた場所で、どんなことを教えているのかを外に見えるようにすることは非常に大事なことではないだろうか――。そう考えて、九〇年代半ばから何度か彼の話を録音して文書に起こしてきた。私も草間氏も忙しさにかまけてなかなかそれ以上には進展しなかったが、今回ようやく『東大で教えた社会人学』というタイトルで出版する運びになった。

草間氏がこれまでに行ってきた講義内容を整理し、人の一生、特に技術者の人生系列で起きるであろう出来事に照らして、その時々に必要な社会常識、経済常識を『人生の設計編』という形で構造化したものが本書である。

本書はライフステージに合わせた六章立てで構成されている。第一章では、まずこれからの時代を生きる上での前提条件や心構えを説く。第二章では就職先である会社の見方、そして会社組織の本質を解き明かす。第三章は会社員としての生き方、第四章は転職と起業のポイントをそれぞれ説明する。第五章は個人の生活において起きる事柄への対応の仕方、第六章では老後の備え方を教授する。各項目には草間氏の講義に加えて、私のモノの見方や考え方を付記してある。

今後はさらに具体的かつ専門的な内容に踏み込んだ『金銭篇』、『会社組織篇』などを出版していく予定で、本書はシリーズの根と幹に当たるダイジェスト版という位置づけだ。

日本が順調な経済成長を遂げている間、日本人はその経済成長のレールの上に自分の人生を安心して重ねることができた。終身雇用や年功序列といった日本型経営のシステムが機能して、新卒入社から定年、さらには老後までのほぼ一生を会社が面倒見てくれたのである。

しかし、成長が頭打ちになり、従来の日本のシステムが変革を余儀なくされる中で、人生をどう生きればいいのか、自分で考えなければいけない時代になった。誰かが作った基準に付き従って生きていこうとすると、たとえばリストラや企業倒産に遭遇して人生のレールが途絶え立ち往生してしまうことだってある。

これからは誰もが自分の生きていく人生、社会生活の全体像を作っていかなければいけない。ただし、今の時代状況や社会に対する何の基礎知識、予備知識も持たずにそれを作ろうとするのは無謀なチャレンジでしかない。

自分で考え、試行錯誤しながら経験を積み重ねていくのは大切なことだが、先人が積み重ねてきた知恵や知識がそこにあるなら大いに活用すべきだろう。

一九八〇年代の後半から現在まで、まさに日本の社会構造が激変に見舞われているときに、時代時代で大きく移り変わっていく社会の全体像を自分なりに模索し、学生たちに教えてきた草間氏の講義にはその知恵と知識が詰まっている。そこから優先順位の高い要素を摘出して全体として理解できるように構造化したのが本書であり、世の中に溢れる常識モノや基礎知識モノの本との大きな違いがそこにある。

世の中で起きていることを断片的に説明する本はいくらでもあるが、それらの全体構造について書かれたものはほとんどない。社会を大きな一本の木に喩えれば、本書は地上に見える幹と枝葉の部分だけではなく、目に見えない根っこの部分まで表出させることを心がけた。

技術者や学生のみならず、今、社会の中で生きている人々が自分の人生を企画しようとするとき、そして人生の節々で迷いが生じたときに、本書は必ず役立つと信じている。

東大で教えた社会人学

人生の設計篇

ブックデザイン　征矢　武
編集協力　小川　剛

第一章

働くことの意味と就職

＃1　混迷の度を深める世界と日本

▼債務超過国家の現実

バブル崩壊から一〇年の長きにわたる不況で、日本は重い負の遺産を抱え込んだ。

政府の財政赤字は増え続けて、地方債を含む日本の長期債務残高は九百四十兆円を超えて、いまや一千兆円目前。国家予算が約八十兆円だからその一〇倍以上の借金がある。国民一人当たりに直すと、七百五十三万円の借金を抱えている計算だ。

債務超過に陥っているのは国だけではなく、個人も同じ。債務超過による自己破産の件数は年々増えているし、バブル期に家を買った人などは土地家の資産価値が半分以下に下落してしまったにもかかわらず、土地家を売り払っても返せないような住宅ローンを払い続けているのだから、実質的には債務超過に等しい。

債務超過といえば、日本経済の重い足枷《あしかせ》になっている企業の不良債権問題もある。

実は不良債権は着々と処理されている。それでも不良債権問題がなくならないのは、銀行がそれぞれ抱えている不良債権をもともと少なめに自己査定してきたからだ。債権を不良債権として固定してしまうと銀行の自己資本比率が毀損される。自己資本比率八％というＢＩＳ規制が守れなくなると、国際業務などができなくなって銀行としての存続そのものが危うくなってしまう。だから、銀行はほとんど不良債権化しているグレーゾーンの債権を正常な債権にカウントして、不良債権の総額を誤魔化してきたのだ。

その間も不況は続いて、灰色債権はどんどん劣化して真っ黒な不良債権になってしまった。その後、金融庁の検査が厳しくなったことで誤魔化しがきかなくなって、巨額の不良債権が表に出てきたわけだ。

不良債権問題という経済の目詰まりが直らない限り、産業の血液である資金の流れは健全にはならないし、金融システムに対する不安は拭えない。

このように国も個人も企業も債務超過にどっぷりと浸かって、抜け出せないのが日本の現状だ。

今後、それを克服する術はあるのか。

たとえば、もう一度土地の値段が上昇して、資産バブルになれば不良債権は解消できる。しかし、地価上昇はまず期待できない。地価が下がったといっても、日本の土地資産の総額はGNPの三倍もある。国土の広大なアメリカは〇・七倍だが、同じ島国で老大国のイギリスでも一倍なのだから、日本の地価も最終的にはそのあたりの数字に収束していくと思われる。

日本の土地神話は銀行の担保主義に支えられてきた。土地の資産価値は下がらない、つまり地価は上がり続けるという幻想があったから、銀行は土地を担保に取ってきた。そして銀行が担保に取るから土地の値段がついてきた。でも、その銀行も現在はその土地がどれだけ収益を生むかという評価に変わってきている。都心三区など本当に利用価値の高い、収益の上がる土地の価格は今後上昇するだろうけれど、基本的には今後の地価上昇はないと考えるべきだ。

では景気はどうか。景気が良くなれば企業も個人も金回りが良くなるし、結果として国の税収も上がる——ということで財政再建よりも景気回復優先で、日本政府は国債を乱発してきた。確かに景気は大企業を中心に回復の兆しを見せている。でも、雇用情勢や消費動向はまだまだ好転したとは言えない。

今後景気が本格的に回復したとしても、高度成長期のように皆が足並みを揃えて景気が良くなるわけではない。儲かる産業と儲からない産業、儲かる企業と儲からない企業、儲かる人と儲からない人。二極化していく時代になると考えたほうがいい。

一方で、混迷する世界情勢も日本経済にとって大きな懸念材料だ。

二〇〇一年のアメリカ九・一一同時多発テロ事件以来、テロと報復戦争の終わりなき連鎖が国際社会を覆っている。ブッシュ政権の対テロ戦争を全面的に肯定して自衛隊のイラク派遣まで行った日本は、国際的なテロ組織から攻撃対象として名指しされた。テロの脅威が今後の世界経済、そして日本経済に暗い影を落とす。

バブル崩壊後の長引く不況ですっかり自信を無くした日本は、この一〇年、経済面でもアメリカにひたすら追従してきた。「グローバルスタンダード」という名の「アメリカンスタンダード」を半ば盲目的に取り入れてきた。アメリカの標榜するマーケット至上主義の〝規格〟に、日本の経済システムを同化させようとしてきたのだ。

そこに起きたのがアメリカの巨大エネルギー企業エンロン社の不正会計事件だ。会計会社まで巻き込んだ同社の粉飾決算による不正な株価操作は、アメリカが標榜するマーケット至上主義の内実がいかにいい加減なものであるかを世に知らしめた。

アメリカは日本やアジア諸国の経済システムを、コネや情実が蔓延する未熟な資本主義だと見下してきた。アメリカンスタンダードこそがグローバルスタンダードであり、世界はそのルールに合わせるべきだと、アメリカの正義を主張してきた。しかし、エンロン事件が起きるような経済システムに、グローバルスタンダードを誇る資格があるとは思えない。

〈畑村〉

日本経済が混迷からなかなか脱せない理由は何か。

それは、時代と環境の変化によって通用しなくなったにもかかわらず、日本経済が好調だった時代にうまく機能していた従来型のシステムにこだわって、それをうまく使いこなせば生きる道はまだあると日本全体が考えているからだ。高度成長期の成功体験からいまだに逃れられない。日本が本当に立ち直るためには、過去の成功体験に基づいた考え方から外れてモノを見直さなければならない。

対米追従も従来型システムの典型だろう。他人のことはよく見えても、自分のことはなかなか見えないもの。自国の正義を声高に主張するアメリカも自分の醜悪さが見えていない。それがアメリカの浅はかさであり、恐さでもある。そして、そんなアメリカに依存して生きなければならないところに、日本の危うさがある。

▼少子高齢化の未来

日本の年齢別の将来推計人口を見てみると（**図1**）、日本の少子高齢化の傾向がハッキリと見て取れる。

一五歳から六四歳までの生産年齢人口を見てみると、二〇〇〇年以降減り続け、二〇〇五年で八四五九万人。それが二〇二五年には七二三二万人、さらに二〇五〇年には五三八九万人に激減している。今後二〇年間で年間六〇万人ずつ、合計一二〇〇万人の生産年齢人口、つまり労働力が失われるわけだ。

政府内で行われている六〇万人規模の移民受け入れ論議は、この生産年齢人口の減少が前提になっている。移民を受け入れなければ日本の国力が保てないという話だ。

一方で六五歳以上の老年人口を見てみると、二〇〇〇年の二二〇〇万人が、二〇二五年には三四七二万人に増加する。老年人口がピークに達するのは二〇四五年頃で、その後はゆるやかにマイナスになっていくけれど、それでも他の世代に比べると減少幅が小さい。

注目すべきは生産年齢人口に対する老年人口の割合。二〇〇〇年は二五・五％。つまり現役世代四人に対して、老人が一人ということ。この割合が二〇三〇年頃、ついには

	人　口（1000人）				従属人口指数（%）		
西暦	総　数	0〜14歳	15〜64歳	65歳以上	総　数	年少人口	老年人口
2000	126,926	18,505	86,380	22,041	46.9%	21.4%	25.5%
2001	127,183	18,307	86,033	22,843	47.8%	21.3%	26.6%
2002	127,377	18,123	85,673	23,581	48.7%	21.2%	27.5%
2003	127,524	17,964	85,341	24,219	49.4%	21.0%	28.4%
2004	127,635	17,842	85,071	24,722	50.0%	21.0%	29.1%
2005	127,708	17,727	84,590	25,392	51.0%	21.0%	30.0%
2006	127,741	17,623	83,946	26,172	52.2%	21.0%	31.2%
2007	127,733	17,501	83,272	26,959	53.4%	21.0%	32.4%
2008	127,686	17,385	82,643	27,658	54.5%	21.0%	33.5%
2009	127,599	17,235	81,994	28,370	55.7%	21.0%	34.6%
2010	127,473	17,074	81,665	28,735	56.1%	20.9%	35.2%
2015	126,266	16,197	77,296	32,772	63.4%	21.0%	42.4%
2020	124,107	15,095	74,453	34,559	66.7%	20.3%	46.4%
2025	121,136	14,085	72,325	34,726	67.5%	19.5%	48.0%
2030	117,580	13,233	69,576	34,770	69.0%	19.0%	50.0%
2035	113,602	12,567	65,891	35,145	72.4%	19.1%	53.3%
2040	109,338	12,017	60,990	36,332	79.3%	19.7%	59.6%
2045	104,960	11,455	57,108	36,396	83.8%	20.1%	63.7%
2050	100,593	10,842	53,889	35,863	86.7%	20.1%	66.5%

生産年齢人口：15－64歳　従属人口：０－14歳、65歳以上
資料：国立社会保障・人口問題研究所　平成14年１月推計

図１　年齢別将来推計人口

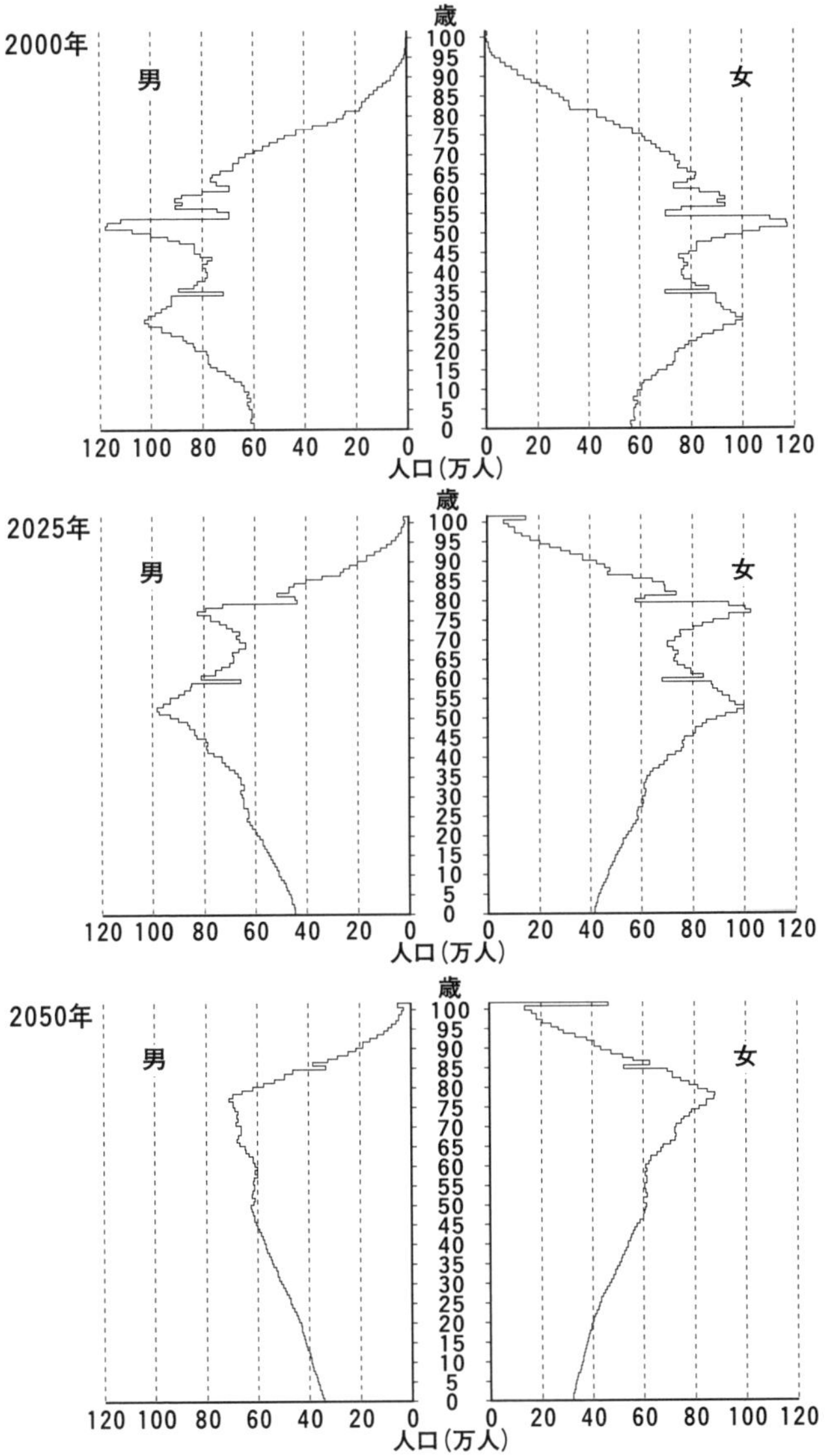

資料：国立社会保障・人口問題研究所

図2　人口ピラミッドの変化

五〇％を超える。

政府は現役時代の五〇％の年金が受けられるようにするというけれど、二〇三〇年頃にはその五〇％の年金を二人の現役世代で負担しなければならない。貨幣価値が変わらないとすれば、現役世代は給料の二五％を年金保険料で持っていかれることになる。他の税金を含めれば、給料の半分は天引きされてしまう。

給料の半分も税金で取られる国で誰が働きたいと思うだろうか。優秀な人材はどんどん国外に流出してしまわないとも限らない。

少子高齢化の現実を数字で追ってみると、政府のいう五〇％の年金受給がいかにリアリティのないものかがわかる。政治家たちは「その頃には自分はもうこの世にいない」と腹の中で思っているから、平気でそんなウソをつく。いずれ年金受給額を減らすか、受給年齢を引き上げるという議論が蒸し返されることになるのは必定だ。


〈畑村〉

年金問題の最大の問題点は賦課方式を続けていることにある。現役世代の稼ぎで老齢者を養うという古い発想で日本の年金制度はできている。日本人の寿命がこれだけ長くなることも、少子化になることもまるで想定してなかった時代の発想なのである。

賦課方式をこのまま続ければ年金制度が破綻するのは目に見えている。従来型の年金システムはもう通用しない。それなのに無理矢理に従来型のシステムを維持しようとしているることが問題なのである。

これからは自分で自分の老後を考えて、資金を貯めておくなり、運用していく以外に解決策はない。いわゆる積立方式である。積立方式の典型がアメリカの401k（確定拠出型年金）だ。もともと年金制度が整備されていないアメリカでは、国民一人一人が自分の老後を考えて年金資金を作ろうと努力している。日本もそういう社会にならざるを得ないのではないか。

▼失われていく人材

国力を支える労働力についていえば、量だけの問題じゃない。質の劣化の問題もある。現在、若年世代の三〇％近くが失業しているか、フリーターの状態にある。二〇〇一年時点で日本のフリーター人口は四一七万人。生涯賃金は正社員の四分の一、納税額は正社員の五分の一といわれるフリーターの存在は、今後の経済成長の阻害要因になるという見方もある。でも、本当に問題なのはフリーターの増加に伴って、きちんとしたビジネススキルを持つ人材が減っていってしまうということだ。

資源を持たざる日本は人材教育に力を注ぎ、ビジネスの現場でも社員教育に時間とコストをかけて有能な人材を育ててきた。人材こそが日本の強みだったはずだ。ところが、今やその構図は崩れ、効率重視の企業は人材育成に手間をかけるよりも安易に即戦力を求めるようになった。一方で冷え込んだ雇用情勢はフリーターを大量に生み出した。

やはりフリーターには大きな仕事、責任ある仕事は与えられない。つまり、会社に入ってさまざまな業務を学び、スキルを高め、キャリアを積んでいくというプロセスが経験できないわけだ。

今後、生産年齢人口が減っていく中で、きちんとしたビジネススキルを持った人が枯渇していけば、会社のオペレーションそのものが成り立たなくなる。激しさを増していく国際競争に勝ち残ることも難しくなる。

〈畑村〉

高度成長期の日本は今ほど大学進学率は高くなかったが、高卒でも優秀な人たちが大勢いた。たとえば、私が勤務していた日立では工業高校の優秀な人材を新卒採用して、自ら運営する日立工業専門学校に二年間通わせていた。年間一〇〇〇〜二〇〇〇人程度

採用して、二〇〇人ぐらいがその学校で勉強していた。普通の短期大学よりも授業内容ははるかに濃い。そこで優秀な成績を収めた人材は、さらに大学の受託研究員などに送り出される。高卒として扱われていたが、なまじの大学を出た社員よりも有能だった。また、現場を任される中卒の作業員たちも、午前中は「養成所」と呼ばれる専門学校で勉強をして、午後から現場仕事に向かった。

日本の製造業が強くなった最大の理由の一つは、人材の有能さに加えて、どこのメーカーもしっかりした人材育成を行っていたことだ。

人には誰しも潜在能力がある。しかし、適当なチャンスが与えられれば潜在能力が開花するというのは幻想でしかない。隠れた能力というのは、トレーニングによる日々の鍛錬と本人のやる気の上にチャンスが重なって初めて発現する。開拓せずに放っておけば、潜在能力はいつのまにか消失してしまう。

フリーターと呼ばれている人たちにもそれぞれ潜在能力があるに違いない。しかしフリーターという立場で潜在能力を開花させるのは実に難しい。

かつてのような地道な人材育成システムが崩壊しつつあるビジネス社会と、潜在能力を埋もれさせたままのフリーターの存在。日本経済の再生の道程は容易くない。

▼国家ビジョンの欠落

　戦後の日本は欧米の成功例に学んで高度成長を果たした。キャッチアップの目標になる先行モデルがあったから、そこに向かって突き進めばよかった。でも、世界のフロントランナーの一員になればそうはいかない。目標になる先行モデルはもうない。自分で目標を設定しなければならない。しかし、どんな国を目指すのか、日本は明確なビジョンを持たないまま二一世紀を迎えてしまった。

　たとえば、どんな産業を国の基幹産業として育てていくのか、ということも決まっていない。日本も先行モデルを作り出す側に回ったのだから、付加価値の高い先端技術分野に活路を見出すべきだと思う。ところが、宇宙・航空・コンピュータといった先端分野はアメリカに〝聖域〟として押さえられて、日本はほとんど独自開発できない。

　国家としてのビジョンがないから、目の前に横たわっている課題をどう解決するか、その筋道も立てられない。

　人口動態から考えれば破綻が目に見えている年金・医療・介護問題など、あらゆる問題を政治は先送りするだけだ。先送りしてきた結果が一千兆円の財政赤字だというのに、財政改革も停滞している。

〈畑村〉

実はつい最近まで、世界最速のスーパーコンピュータは日本が持っていた。海洋科学技術センターとNECが共同開発したベクトル型並列スーパーコンピュータ「地球シミュレータ」がそれだ。「地球シミュレータ」はスーパーコンピュータ六四〇台をネットワークしてコンピュータ上に「仮想地球」を作り出し、地球規模の気候や地殻変動のメカニズムをシミュレートできるスパコンで、一秒間に三五兆六〇〇〇億回の計算性能を持つ。処理速度は世界第二位のコンピュータの五倍にもなった。

開発当時、日本ではあまり大きく報じられなかったが、アメリカでは「スプートニク（旧ソ連が打ち上げた世界初の人工衛星）以来の衝撃」と大きく取り上げられた。危機感を覚えたアメリカ政府は「地球シミュレータ」を超えるスパコンの開発に躍起になって、二〇〇四年一一月には、二年半続いた「地球シミュレータ」の首位の座はついにIBMに奪われてしまった。にもかかわらず、日本の政治家や官僚は「地球シミュレータ」の次世代機開発に予算を付けていない。なぜか。彼らには「地球シミュレータ」の本当の価値がわかっていないという以上に、アメリカを怒らせたくないという恐怖心が根底にあるからだ。

日本のアメリカ依存症はそれほど重い。敗戦の後遺症で「アメリカが全部考えてくれる」「アメリカが守ってくれる」という、対米従属体質が骨の髄まで染みついている。だから、アメリカから文句を言われると「はいそうですか」とすぐに言うことを聞いてしまう。思考停止状態を続けている限り、本当の国家ビジョンは持ち得ない。

▼日本の転機、二〇〇七年

日本はかつての輝きを取り戻すことができるのか。それとも、二〇世紀末に繁栄を誇った極東の島国で終わってしまうのか。私はこの数年が大きな分かれ道になると考えている。一つのターニングポイントになるのは二〇〇七年だ。

二〇〇七年は団塊の世代と呼ばれる昭和二二年生まれの人たちが六〇歳の定年を迎える年だ。昭和二二年から二四年にかけて生まれた第一次ベビーブーマーは約八〇〇万人。二〇〇七年から彼らのリタイアが続々始まる。

大量のベテラン労働力のリタイアが日本の企業社会に与えるインパクトは大きい。単に労働力が不足するというだけじゃない。一般に「二〇〇七年問題」と言われているのは、ＩＴ分野で大型汎用機などの基幹システムを保守・管理してきたベテランが引退することによって、基幹系システムの維持が難しくなるという問題だ。しかし、ことはITばかりではない。長年企業を支えてきた団塊世代が持つ高度なスキルや知識、ノウハウが、下の世代にきちんと継承されていればいいが、そうでなければビジネスの現場からごっそりと抜け落ちることになる。

他にも企業の給与コストが軽減されたり、オフィススペースが空いたりと、団塊世代のリタイアはビジネス社会にさまざまな変化を引き起こすと考えられる。

社会的な影響として最も懸念されるのは年金問題だ。二〇〇七年時点で年金の給付年齢がどうなっているかはわからないけれど、現在の六五歳給付のままだとすれば、二〇一二年以降、団塊世代の年金給付が本格化する。六〇歳から減額給付を受けられる制度がその頃まで続いていれば、二〇〇七年から年金の支払額は急速に膨れ上がって財政を直撃する。先送りしてきた年金問題がいよいよ現実のものになってくるわけだ。

急務の財政再建策として消費税引き上げ（自民党は奇しくも二〇〇七年より実施するとアドバルーンを上げている）はもちろんのこと、年金給付額の引き下げも議論されるだろう。しかし、私自身がそうだからよくわかるんだけど、団塊世代のマインドとして大切な老後の資金が減るのは絶対に許せない。逆に現役世代はこれ以上の年金負担には耐えられないと考える。そこで団塊より上の年金受給世代と現役世代との世代間闘争が始まる。

　この講義を受けている諸君たちは、最も負担が大きい現役世代ということになる。当然、年金給付額の引き下げに賛成する立場だ。でも、それが選挙の際の投票行動に結びつくだろうか。そういうときの団塊世代の結束力は強い。日本の財政がもたないことは頭でわかっていても、給付額の引き下げを主張する政治家は絶対に当選させないよう、こぞって投票行動に出る。

　二〇〇七年以降の日本を現役世代で生きる人たちは、そういう時代がやってくることを想定して人生設計したほうがいい。

＃2　台頭する中国経済

▼中国の強みとは

　世界の工場として存在感を高める中国。今や日本にとってアメリカに並ぶ重要な輸出先だ。日本の今後を考えるとき、同じアジアで高い経済成長を続ける隣国、中国の動向を見逃すことはできない。工学部の学生なら、世界のモノ作りの大きな流れとして、その中心地になっている中国の今後はしっかり押さえておくべきだ。

　さて、中国の最大の強みは安価な労働力だ。土地代、人件費、物流費など高コスト構造の日本に比べて、中国は圧倒的に安い。二〇〇二年の中国の一人当たりＧＤＰ（国内総生産）は九百六十ドル。日本の三万一千ドルには遠く及ばない。

　日本で新卒社員を雇うときの年間給与は大体三百万円ぐらい。アメリカの場合、ウォール街で働くような超エリートはマネージャークラスで三千万円も五千万円も稼ぐし、ファンドマネージャーなら上限なしの世界だが、現業のサラリーマン、たとえばレストランのマネージャークラスの年収で約二万五千ドル程度。アメリカのミドルクラスの収入が二百万〜三百万円だから、日本の人件費は世界でもトップレベルだ。

高コスト構造の日本で作っていたら、いくらいい製品でも国際的な価格競争に勝てない。だから、企業は生産拠点を人件費の安い中国へと移してきた。そうした生産基地で現地のマネジメントを任される日本人マネージャーの年収は一千万〜一千二百万円程度。その日本人マネージャー一人分の人件費で、現地の工場労働者を少なく見積もっても三〇〜五〇人は雇える。

ただし、単純に安い労働力を買えるわけじゃなくて、日本企業が中国に進出する場合、社宅や各種の教育施設など現地労働者の生活インフラを整備することが進出の前提条件になることが多い。いわば一つの企業村を作るのだ。日本の中小企業の中国進出がなかなか成功しない理由の一つは、このように人件費以外にも莫大なコストがかかる構造になっていることを知らないからだ。

それでも日本と中国のコスト構造に大きな違いがある限り、生産拠点の中国への移動は止まない。「ユニクロ」を全国展開するファーストリテイリングは商品企画をすべて日本で行い、製造は一貫して中国で行うという手法で成功した。製造業のユニクロ化は今後も進むだろう。

　生産拠点が中国に移動すれば、当然、技術も中国に移転していく。日本からの技術移転によって中国企業は急速に力をつけている。その伸びている中国企業に付加価値の高い部品を輸出して日本は貿易黒字を稼いでいるけれど、技術移転がさらに進めば中国も自前で付加価値の高い部品や製品を作り出せるようになる。

　技術移転といっても中国でやっているのは製品の組み立てや一部の製造だけ。日本からの借り物ばかりで中国に本物の技術力はない――という指摘がある。確かに知的所有権がきちんと整備されていない中国相手にビジネスをしている日本企業は、技術流出を防ぐために、勝手にリバースエンジニアリングができないような形で部品や製品を輸出している。しかし、いくらブラックボックス化して技術を囲い込んでも、技術の発展には法則性がある。人為的にそれを規制しても一時的な効果しかない。きっと、中国の技術者は自力で同じ道を切り開いてくるはずだ。

　一昔前には、中国の労働力は安いが日本の労働力に比べて質が及ばないという言われ方をした。でも、今や中国と日本の労働力にそれほど大きな差はない。日本人が作れるものは中国人にだって作れる。

　中国のエリートたちは懸命になってアメリカをはじめとする先進国で最先端の技術を

学んでいる。人口一二億人の潜在能力はあなどれない。その一割が大学に進学するようになれば一億二〇〇〇万人。日本の人口に匹敵する。

生産年齢人口がピークを超えすでに成熟期に入った日本に対して、中国はまだまだ成長余力が残されている。長期的に見れば日本の対中貿易黒字は縮小していくだろうし、いつの日か、中国の経済力、技術力の前に日本が敗北する日がやってくるかもしれない。

〈畑村〉

数年前、中国でホンダのイミテーションバイクが本物の三分の一程度の価格で出回る事件があった。中国に進出した海外メーカーはどこもコピー製品の氾濫に苦慮しているが、ホンダはイミテーションバイクを作り出した中国企業に対して、法的手段に訴えるだけではなく、その完成度を評価し、委託製造のライセンスを与えた。つまり、ニセモノが本物と認められたのである。

ホンダとしては、中国の製造技術がそこまで来ているのなら、世界戦略上、自分たちのブランドでバイクを作らせて、中国全土に販売を広げたほうがいいと判断したのだろう。中国のモノ作りの実力はそれほど高くなっている。

▼中国社会の危うさ

中国の躍進はどこまで続くのだろうか。

二〇〇一年の世界のGDP構成比を見ると、一位はアメリカ。世界全体のGDPの実に三分の一、三三％を占めている。日本は第二位で、世界のGDPの一四％。三位以下にEUの大国が続き、伸長著しい中国経済は第六位でGDP構成比は三・八％。

中国が日本と同じように世界の約一割のGDPを生産するようになるまで成長すると仮定すれば、現在の三倍。人口は日本の一〇倍だから、少なくとも一人当たりGDPが日本の三分の一から四分の一の経済水準になるまで、中国の快進撃は続きそうという机上の計算は成り立つ。

しかし、このまま順調に中国が成長を続けられるかと言えばそうは問屋が卸さない。中国が今のペースで成長したらどういうことが起きるか。

まず資源問題が浮上してくる。いや、すでに浮上している。

ここ数年の原油高の背景には、イラクを中心とした不安定な中東情勢による原油の供給不安とともに、世界的な原油の需給構造の変化がある。高い経済成長を続ける中国を筆頭に、世界の原油消費量は急速に拡大している。

中国は世界第五位の石油産出国で昔は石油輸出国だったが、今や、大変な石油輸入国だ。中国人が皆車に乗るようになれば石油は枯渇する、というのはあながち冗談では済まされない。中国、ベトナム、フィリピン、マレーシアが領有を争っている南沙諸島や、日本との間にある尖閣列島問題などは、中国のエネルギー戦略と深く関わっている。石油資源をめぐる争いはこれからもっと深刻化するだろう。

石油だけではない。経済発展に伴う中国の爆発的な消費が世界的な素材インフレを引き起こして、鋼材、アルミニウム、銅、石炭、ナフサといった産業素材も値上がりしている。

食糧問題にも同じことが言える。中国はトウモロコシや大豆の輸出国だったが、今はそれらを輸入している。

経済が発展して生活水準が上がれば、食生活も変化する。穀物を食べていた人が肉を食べるようになる。その肉を育てるために今まで食べていた穀物を牛や豚や鳥に食べさせる。穀物を直接人間が食べる場合と家畜に食べさせる場合とではエネルギー効率が三〜五倍違う。牛一頭育てるためには、人間が食べる量の六倍の穀物が必要だ。

このまま中国が発展すれば、飼料が爆発的に足りなくなって、穀物価格が高騰する恐れがある。価格というのはモノが一割足りなくなると、一割値上がりするわけではない。

三割足りないと値段は倍ぐらいになる。足りないものは高騰して、余りものに値がつかない。それが価格の法則だ。

人口爆発や地球規模の気象変動で食糧生産が低下して、一〇年後、あるいは二〇年後に世界的な食糧不足が到来しないとも限らない。食糧の争奪戦が始まったときに、果して高騰した食糧を買いつける経済力が日本に残っているだろうか。

資源の制約に加えて、環境の制約による成長の限界も考えられる。

急激な経済成長の陰で中国では公害問題が深刻だ。公害防止技術の開発が遅れているから、大気汚染や海洋汚染が急速に進んでいる。砂漠化も進行していて、いずれ首都を北京から遷都しなければならないという話もある。

二〇〇五年二月には地球温暖化防止のためにCO_2の排出を規制する京都議定書が発効するが、排出規制に抵抗が強い中国やインドなど発展途上国の問題は先送りされたままだ。中国政府は表向き、京都議定書を承認（批准ではない）している。でも、先進国は今までさんざんCO_2を垂れ流して発展してきて、自分たちがやっと発展する番になったら規制の網をかぶせるのか、というのが本音だろう。

そうはいっても地球全体の環境問題にいつまでもコミットしないでは済まされない。今後、環境問題が中国の経済成長にとって大きな壁になってくるかもしれない。

それから、社会体制や政治体制も中国経済の不安要因だ。

中国では沿岸の都市部と内陸の農村部の内外格差が広がっている。沿岸都市部の工場労働者の平均月収は一万〜一万五千円。しかし内陸農村部では三千円程度。さらに奥地のチベットまで行くともっと低くて、平均月収は三百円ぐらいしかない。

これだけ国民の間に経済格差があって、果たして社会主義国家として成り立っていけるのか。実際、農村部から都市部へ難民のような形でどんどん人が流れ込んでいて、中国では大きな社会問題になっている。

曲がりなりにも、国民一二億人の巨大国家を束ねてきたのは共産党一党支配体制だ。情報統制によって政府が国民に知らせたくない情報は管理されてきた。しかしIT化が進展してインターネットが普及すれば、情報断絶政策は維持できなくなる可能性が大きい。

世界の情勢や中国に関する海外の客観的な報道に国民が触れるようになって、経済は資本主義で政治は社会主義という中国の矛盾が噴き出してきたらどうなるのか、誰も予想がつかない。民主化運動が再燃したり、台湾問題が大きく動き出したら、経済成長どころか、動乱の時代がやってくるかもしれない。

もう一つ、中国経済への影響が心配されるのは少子高齢化の問題だ。

中国では毛沢東時代の多産奨励から一転して、一九七〇年代以降、人口抑制策として晩婚と少子を奨励してきた。いわゆる一人っ子政策だ。一人っ子家庭は優遇されて、逆に二人目の子供を生むと賃金カットなどの罰則が課せられてきた。

一人っ子政策の実施からすでに二〇年以上が経過した今、人口構成に歪みが生じて、中国でも少子高齢化が進んでいる。特に一人っ子政策を強力に推進してきた都市部の少子高齢化は先進国以上に深刻だ。中国政府は一人っ子政策を放棄していないけれど、多産を処罰する方向から、少産を奨励する方向へ密かに政策転換してきている。

中国には国家の年金制度はない。企業や役所単位で年金制度を作って、従業員の定年後の面倒を見てきた。しかし経済自由化が進んで多くの国営企業が財政難に陥り、倒産も増えている。そうした状況下で、これから続々リタイアしていく多産世代を一人っ子世代が養っていけるのか。社会主義の理想と現実の乖離《かいり》がますます進んで、今の社会体制が維持できなくなる懸念は十分にある。

〈畑村〉

数年前、中国・北京にある精華大学を表敬訪問した。中国で最もレベルが高いといわれる精華大学と東大工学部との間で日中の共同プロジェクトが計画されたのである。

精華大学を訪ねて驚かされたのは、大学そのものがそこで働く人たちすべての生活圏を作り出していたことだ。幼稚園も小学校も中学校もある。教育実習用の付属学校でもなければ、地域の公立学校でもない。大学教授から教官、事務員、警備員まで、すべての大学関係者の家族が通うために精華大学が作った学校である。食事を供給するための食糧工場（日本でいえば給食センターのようなものか）さえ大学が持っていた。

中国ではそれが当然だという。つまり、学校を作る場合にも、企業が工場を建てる場合にも、そこで働く人たちのすべての生活が成り立つような共同社会、いわば〝学校村〟〝企業村〟を大学なり企業が作ることを求められるのだ。

中国に進出する日本の企業のほとんどはそういうことを理解していない。安価な労働力に釣られて進出すると、道路を作るのは当たり前、教育施設も医療施設も作れと現地の人たちから要求されて、予想をはるかに超える出費を迫られる。

もう一つ、日本企業の理解が足りないのは、中国では経済活動と政治活動がタテ糸とヨコ糸の関係で結ばれているということだ。タテ糸の経済活動がヨコ糸の政治活動の邪魔をしないときには、中国共産党が口出ししてくることはない。しかし、経済的によかれと思ってやっていることがひとたび政治的な障害になると判断されたときには、中国共産党がストップをかけてくる。

中国では一つの会社の同じセクションに二人のヘッドがいる。一人は経済活動のヘッドだが、一人は政治単位としてその組織を統括している共産党の幹部で、最終決定権は常にヨコ糸のヘッドが持っている。

中国的な情実社会や共産党一党独裁の政治体制の善し悪しの問題ではなく、日本と中国では社会の枠組みがまったく違うのだという認識を持たなければいけない。そして中国人の目には、そうした状況を認識せずに進出してくる外国人は美味しいところを独り占めしようとする〝ずるいヤツ〟に見えるのである。

＃3　日本の復活と技術者の未来

▼日本再生のカギ

日本は天然資源に乏しく、食糧自給率がカロリーベースで今や四〇％しかない。そんな日本が二一世紀を生き抜くためには何が必要か、といえば、やはり、原材料を加工し、付加価値の高い工業製品を輸出して外貨を稼ぐことしか考えられない。

国力を示す長期的な指標の一つが通貨の価値だ。日本は優れた工業製品を世界に供給する輸出立国として、戦後、円の価値を高めてきた。今後、日本の工業製品が競争力を失えば、円の価値は下落する。一ドル百五十円、二百円という円安時代がやってくるかもしれない。円の価値が下がれば、海外から資源や食糧を調達するのにも苦労する。

日本の復活はいかに競争力のある工業製品を作れるか、にかかっている。つまり製造業が日本再生のカギを握っているというわけだ。

ところが、二一世紀に核となる産業を日本はまだ見出せないでいる。政治家や官僚も有効な政策提言ができていない。

戦後日本の経済復興は官僚機構がリードしてきた。終戦直後の傾斜生産や復興金融に始まって、高度成長期の経済政策、産業政策も官僚が描いた絵図通りに進んで日本は経済成長を遂げてきた。先進国という先行モデルがあって、それにキャッチアップするという目標があるうちは、官僚はその推進力として大いに機能していた。

しかし、日本は世界のフロントランナーの一員として自分で目標を設定しなければならない時代になった。リスクを取ってでも新しいことにチャレンジしなければならないのに、官僚機構の縦割り行政によって規制が多くなり、それができない。

自分たちの仕事を減らしたくない。自分たちの部署を減らしたくない。自分たちの権限を減らしたくない。自分たちの天下り先、出向先を減らしたくない。日本全体のことを考えるべきはずの官僚は、省庁間の駆け引きに終始している。官僚機構自身が持つ組織防衛本能が今や日本経済のブレーキになってしまっているわけだ。

戦後六〇年近くが経過して、官僚機構を含めた日本のあらゆるシステムは制度疲労を起こしている。経済システム、政治システム、社会システム、すべてにおいて大幅な改革が必要だ。

▼日本の技術を守るために

土地代、電力、輸送費などのインフラと人件費が割高になるという日本の高コスト構造はしばらく変わらない。よって汎用製品の価格競争力では勝負しづらい。やはり世界に優る高度技術や高生産性が日本の生命線ということになるだろう。

しかし#2でも触れたように、生産基地の海外移転などによって日本の独自技術が流出してしまう恐れはさらに強まってくる。いずれ独自開発で追いついてくるにしても、今日本が有している技術の優位性は守っていかなければならない。

そのためには技術のブラックボックス化は絶対に欠かせない。技術のブラックボックス化とは何か。具体的にいえば、技術を〝見せない〟〝しゃべらない〟〝触らせない〟ことだ。

何かの技術や生産現場を見せれば、そこまで到達可能だということがわかってしまうし、開発の方向性やモチベーションを与えてしまう。見るだけで多くの刺激を受けてたくさんのアイデアが浮かんでくるから、結局、技術そのものは実現する。

しゃべることも大きなヒントを与える。技術開発を成功させようと思って試行錯誤し

見ざる・聞かざる・言わざる（三猿）から
〝見せない・しゃべらない・触らせない〟（三ない、新三猿）へ

図3　見せない・しゃべらない・触らせない
～これからの日本の製造業の目指す道

ている人たちは、先行開発者がどんなことを考えたり、迷ったり、試したり、失敗したのかということを聞いた途端に、その先行技術者の頭脳活動をトレースして、開発の道筋をつかむ。だから、しゃべってはいけない。

　触らせないことは一番重要だ。頭の切れる開発者は技術を見ただけで、ある程度システムが理解できる。でも、実は本当の意味で理解できるのは、技術に直接手を触れて、肌合いや温度や振動などの感触を実感したときだ。

　欧米の会社では、自分たちが独自に開発してきたことは〝見せない〟〝しゃべらない〟〝触らせない〟が原則になっている。戦後、日本人を侮っていた彼らは先行技術を簡単に見せて、しゃべって、触らせた。そのせいでことごとく真似され、改良されて、高度成長を果たした日本の産業に敗れたという苦い経験があるからだ。

その恩恵に浴してきたせいか、日本では〝見せない〟〝しゃべらない〟〝触らせない〟という考え方がさほど重要視されていない。一部企業の技術開発や生産の現場では技術のブラックボックス化を徹底しているところがあるけれど、これからは〝三ない〟思想の大切さがもっと認識されるべきだろう。

同時に、これは技術流出の問題にも絡んでくるが、日本企業は優秀な技術者を大事にして、人材を確保していかなければならない。

今や経常利益が一兆円を超え、世界最大の電機会社になっている韓国のサムスン(SAMSUNG)グループ。サムスンでは日本の技術者を何十人も高給で雇い、高級マンションや高級車を与えて処遇している。

かつて日本企業の心臓部で企画立案していた技術者がリストラされたり、定年でリタイアした後に、サムスンのような海外の企業から好条件のオファーを受けて素晴らしい仕事をしているケースは少なくない。不況を言い訳にして人材の使い捨てをしてきた日本企業は、手痛いしっぺ返しを受けているわけだ。

日本からの人材流出、技術流出を防ぐために、優秀な技術者に対する処遇をきちんとしなければならないし、今後はそうせざるを得なくなってくるだろう。その意味で君たちにはチャンスが広がっている。是非、評価される技術者になってもらいたいと思う。

〈畑村〉

韓国や台湾などアジア諸国が技術力を高めてきた背景には、それぞれの国の開発努力もあるが、やはり日本からの技術流出という側面が大きい。生産拠点の海外移転などで直接的に技術が流出する場合もあれば、製品を作るための製造装置から間接的に技術が流出する場合もある。

たとえば最先端の半導体を作るための装置を買って研究すれば、それがどんな設計思想で作られたものなのかがわかり、さらには半導体そのものの作り方さえわかってしまう。装置を売るということは、それを使って作るもののノウハウをも売り渡すことになるのである。

さらに日本のメーカーをリタイアしたり、リストラされた人材が海外のメーカーに移ったことも技術流出に輪をかけてきた。

日本では技術を囲い込むという概念が非常に薄かったが、このままでは日本の製造業は淘汰されてしまうということがわかってきて、最近では生産拠点の海外移転を止めて国内生産にこだわったり、〝見せない〟〝しゃべらない〟〝触らせない〟という〝三ない〟運動に意識して取り組む企業も出てきている。

すでに徹底した技術の囲い込みを行っているのがシャープだ。

シャープは三重県亀山市に世界最大最先端の液晶パネル工場を作り、二〇〇四年から、液晶パネルの生産から液晶テレビの組み立てまでの一貫生産を開始した。この亀山工場では技術が流出しないようにあらゆる情報を管理し、〝三ない〟運動が徹底している。

亀山工場で何をやっているのか、具体的なことは中核にいる人以外には誰にもわからない。シャープの社員ですら、セクションが違えば、亀山工場のことは何も知らないのである。

出入りしている装置メーカーや部品メーカーにしても、発注されたスペック通りのものを納めるだけで、装置全体の組み立てや組み合わせは工場内部だけで行われる。もし何か製造装置に故障が発生しても、発注メーカーとは別の業者に修理させるという。そこまで徹底した工場のブラックボックス化が図られているのである。

亀山といえば伝統的な蠟燭の町だが、シャープの工場誘致には三重県と亀山市が巨額の補助金を使い、現在も全面的に亀山工場をサポートしている。雇用も生まれ、税収も

上がるということで、自治体が全面的に支援し、亀山市は今やシャープの一大城下町になっているのだ。だがそんな地域振興の陰で、シャープの最先端技術はガッチリとガードされている。

▼日本社会の変質

今後、日本は復活するかと問われれば、心情的には復活すると答えたい。でも#1で解説したような日本の現状を考えると、先行きは決して明るくない。経済成長率はよくて二〜三%程度で頭打ちになって、成長が停滞する可能性のほうが高い。

昭和一桁生まれを戦後の第一世代とすれば、我々団塊世代は第二世代に当たる。今社会の中核を担っているのは第三世代だ。第一世代、第二世代は豊かさに対する強い渇望があったから、馬車馬のように働いてきた。それが経済成長のエネルギーになってきた。しかし、「売り家と唐様で書く三代目」という江戸時代の川柳ではないけれど、豊かさがある程度行き届いた第三世代の人たちに、我々の時代のようなハングリー精神を求めるのは難しい。

豊かさや幸せの基準も昔と違って多様化してきているから、「ガツガツ働いて出世するばかりが幸せじゃない。個人のライフスタイルを大事にしたい」と思う人もいるだろう。それはそれでいい。落ちるといっても、日本は食うに困るような貧乏国になるわけではないだろうから。

ただ覚えておいて欲しいのは、これからは社会全体が豊かになる時代ではなくなるということだ。成功した人と失敗した人の所得格差は確実に広がっていく。

国民の中流意識が強く、所得格差が少ないことは日本社会の特徴の一つとされてきたけれど、九〇年代後半以降、その所得格差が徐々に広がってきたといわれる。

バブル崩壊後の長引く不況下で、日本は悪平等が過ぎて個人の努力が報われない社会であり、それが日本の競争力を損ねているという議論が高まって、格差が是認される社会的な風潮が強まった。ビジネスの現場でも、頑張った人はもっと報われるべきだという建前と人件費を抑制したいという本音が入り混じって、能力給や業績給の導入が進んできた。

その意味で、日本社会は結果の平等を重視する社会から機会の平等を重視する社会へと変わってきている。

機会が平等なら、個々の努力いかんで結果として所得格差が広がっていくのは悪いことではないだろう。しかし本当に誰もが平等にチャレンジの機会が与えられているのかといえば、現実はそうではない。

君たちは自分の親の年収がいくらか知っているだろうか。

私のオヤジは大工で、私が大学生当時の年収は多分四百万〜五百万円。大工の息子でも東大に入れる時代だった。しかし、今や東大生の親の平均年収は一千数百万円で、日本の大学の中で一番になってしまった。

平均値が一千万円を超えているということは、東大生の親の年収は八百万円から二千万円の間ぐらいだと思う。もう年収四百万円の親が子供を東大に行かせられる時代ではないということだ。

子供一人を大学まで行かせる教育費は平均で約二千万円。東大に行くとなると金のかかる中高一貫の名門校に通わせる場合が多いし、寮暮らしでもさせたら、教育費はもっとかかる。年収四百万〜五百万円の家庭ではとても無理だ。

機会平等といいながら、教育のチャンスというスタート地点から平等ではない。自由競争といいながら、金持ちと貧乏人では経済的自由に大きなハンデがある——。日本はそういう階層化社会に向かって進みつつある。

君たちは幸運にも今、東大で学んでいる。東大卒の学歴が社会的成功を約束する時代ではないけれど、ハッキリいえば機会有利なパスポートを手に入れたことは間違いない。

ただし、そのパスポートを活かせるかどうかは個人の努力次第。

技術者として成功するために独創的な技術力を持って欲しいし、必須条件として語学力や情報技術は身につけて欲しい。

＃4　大学の選択

大学進学率四〇％を超えた日本で、大卒の肩書はもはや特別なものではない。しかし、社会人へと巣立っていく最終学歴にして最高学府の選択が、将来の選択に大きく関わってくるのは間違いない。特に理工系の学生の場合、専攻した分野に関係した仕事を選択する人が多い。

出た大学によって周囲の見る目も変わってくる。学歴不問の採用を謳う企業も出てきているけれど、出身大学による就職差別は厳然として存在している。会社に入ってからも出身大学によって人事が左右される場面があるだろうし、学閥が幅を利かせている会社もある。

また有名大学の場合、たとえば早稲田なら野武士、慶応ならお坊ちゃんというように固定的なイメージがあるから、そのイメージによって学生が制約されたり、育てられるという側面もある。

大学選択は人生において非常に重要な意味を持つ。偏差値などの制約要因があるので自由に選ぶのは難しいが、自分の適性や好みに照らして大学や学部を選択するべきだ。

とはいえ高校卒業時点で自分が何をしたいのか、何ができるのか、見出している人はそんなに多くはないだろう。教養二年、専門二年の大学生活はたかが四年間、されど四年間。自分と自分の進路を問い直す貴重な時間がそこにある。今の大学では物足りないときには、他の大学に編入すればいいし、ダブルスクールで実力を養う手もある。もちろん、ハッキリとした目的意識や能力、才覚があるから大学に行かないという選択があってもいい。

ただ経験的に言えば、大学時代というのは生涯の友人を作るのに最適な時期だ。社会に出ると何かと利害関係が多くなって、いい友人関係を作るのは難しい。同じ会社の同僚も実はライバル同士であって、本当に心を許せる友人というのはなかなか見つからない。その点、学生時代の友人は利害関係がないので、生身の人間同士、いい友人関係が作りやすい。

最近は大学のクラブやサークルに入部する学生が減って衰退しているという。でもクラブやサークルや同好会に参加することは友人を作るいい機会だ。大学に行ったからこそ出会える友人がいる。将来にわたってつき合える友人を見つけて欲しい。

〈畑村〉

大学ブランドは社会に出て本当に役立つのだろうか。スタート時点で出身大学による選別は確かにある。しかし、現場で評価されるのは本当に仕事ができるかどうか、成果が上げられるかどうかであって、大学のブランドは関係ない。ブランド大学を出て、仕事の出来がよければ「さすがあそこの出身だ」という評価にはなるが、出来が悪ければ「あそこを出てるのにそんなもんか」と叩かれる。東大出と期待されていながら仕事で使いものにならず、すぐにクビにもできないので飼い殺しにされて、窓際で一日新聞を読んでいるか碁を打つか、などという扱いをされる例はいくらでもある。

「私は理科系の人間だから」「私は文科系だから」とよくいう。学校教育の現場でも進路を理科系と文科系とに分けるので、皆、それが当たり前のように思っている。しかし、理科系か文科系か、二分法で分ける発想は日本のさまざまなシステムを歪めているように思えてならない。

日本は文科系の人間が威張っている国だ。これは明治維新以後、東大が官僚養成機構として機能してきたことによる。歴代の省庁のトップクラスは東大法学部出身者ばかりで、そうした文科系の人間が日本の政治や行政を長らく仕切ってきた。

文科系の人たちの組織マネジメント力が生きた時代もあった。しかし、現場で何が起きているかを理解しないで統べようとするためにしばしば間違いが起きる。科学技術政策などはその典型だ。科学技術の本質を理解していない文科系の人材を機構のトップに据えたために、本当にやるべきことができていないという場面に私は何度も遭遇している。

中国では江沢民前主席ら主だった指導者、政府要人は皆、理科系の大学を出ている。科学的、あるいは技術的な視点が国策に織り込まれるのは当然だろう。もう理科系と文科系とが住み分ける時代ではない。国の舵取りをする人が文科系的な発想と理科系的な発想を併せ持たなければ、二一世紀の日本は決定的にダメになってしまう危険性がある。

＃5　なぜ働くのか

人はなぜ働くのか、考えたことがあるだろうか。

我々の時代、大学を出たら働いて、金を稼ぎ、社会生活を営むものだと単純に考えていた。いつまでも親に面倒を見てもらうわけにはいかないから、一個人として経済的自立を果たすのは当然のことだと思っていた。実際、大学を出れば世の中には仕事がいくらでもあった。

就職難の今は大学を出ても仕事に就けない学生が大勢いる。我々の時代は修士まで行く学生は全体の二割程度だったが、今はもう八割程度が修士になる。いい就職口が見つからずにモラトリアムで修士を選ぶ人も多いし、大学の四年間だけでは専門知識が足りないということもあるのだろう。かつては「教育はこっちでやるから、大学は早く学生を社会に送り出せ」という雰囲気が企業社会全体にあった。でも今や社員教育に十分なコストや時間をかける余裕がなくなって、即戦力を求めようとする企業が増えている。

雇用情勢は厳しい。かといって働かなければ食べられないわけではない。社会が豊かになって親の脛《すね》を齧って暮らせるから、気ままなフリーター生活もできる。そういう時代環境の中で、我々の時代のように経済的自立のために働くという意識は持ちづらいだろうし、働く意味を考えるのはなかなか難しいことなのかもしれない。

しかし、君たちのこれからの長い人生は働くことによって築かれていく。それは働いて金を稼いで生活するという経済的な意味だけではない。人は働くことで自己実現を果たしたり、働いて人や社会の役に立つことで、生きる悦びや実感を見出す。つまり人は働くことで人生を〝生きる〟のだ。

自分がなぜ働くのか、どんな働き方をしたいのかを考えるということは、自分の人生をどう生きるかという問いかけでもある。就職する前に一度は考えてみてもらいたい。

▼人生年表を作ってみる

自分がどんな働き方をするのか、どんな生き方をするのか考えるときに、**図4**のような人生年表、タイムスケジュールを作ってみるといい。

図のタイムスケジュールは企業で技術者として働く人の人生がモチーフになっている。

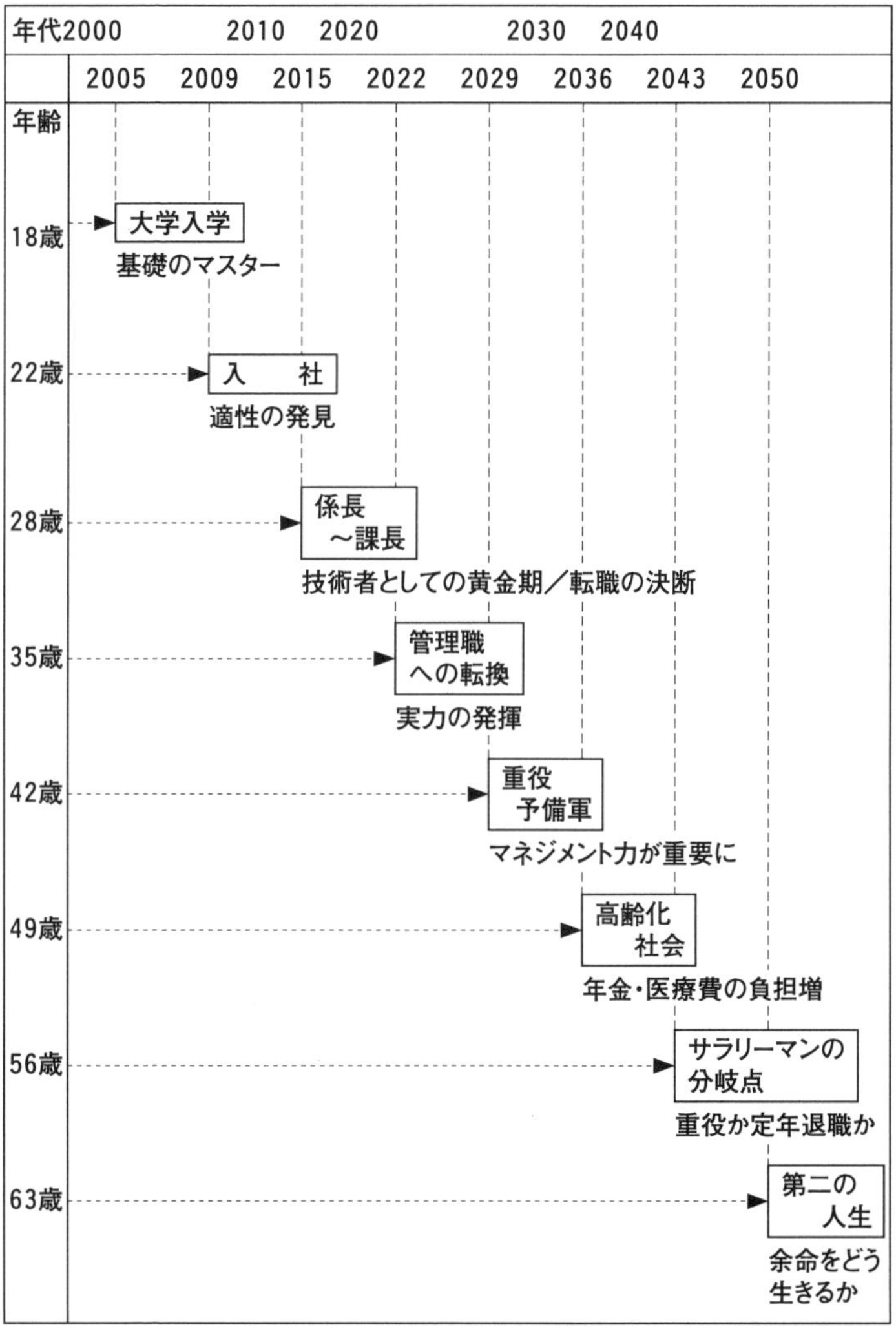

年代2000
2010
2020
2030
2040
2005
2009
2015
2022
2029
2036
2043
2050
年齢
18歳
大学入学
基礎のマスター
22歳
入　　社
適性の発見
28歳
係長
～課長
技術者としての黄金期／転職の決断
35歳
管理職
への転換
実力の発揮
42歳
重役
予備軍
マネジメント力が重要に
49歳
高齢化
社会
年金・医療費の負担増
56歳
サラリーマンの
分岐点
重役か定年退職か
63歳
第二の
人生
余命をどう
生きるか

図４　人生タイムスケジュール

まず一八〜二二歳。大学生として基礎をマスターする時期だ。何事も基礎がないと身につかないから、大学で知識なり方法論なりをマスターしておく。生涯の友人を作る時期でもある。

二二〜二八歳はビジネスの現場で知識と能力を獲得して、適性を発見する時期。転職する場合もあるだろうし、さまざまな選択の自由がある。工学部出身の技術者の場合、体力的にも能力的にも二八歳くらいがピークではないかと思う。能力の高い人は二八歳で部長職を任されても十分に務まる。

二八〜三五歳。技術者としての黄金期で一番力を発揮できる。転職を視野に入れて働くことも必要だ。この年代になると係長、課長代理、課長、部長代理ぐらいの役職に就く。ある程度は会社全体を見渡せるようになるから、自分の器と今いる会社の器が嚙み合っているかどうかが見えてくる。会社の志向している方向と、自分が目指し、伸びていく方向が乖離してくることはしばしばあって、その場合はそのまま会社に留まるべきか、転職すべきか、決断を迫られる。

逆に三五歳を過ぎると転職は難しくなってくる。求人広告も途端に減る。三五歳で転職して一〇年間頑張って働くとすれば四五歳。転職を受け入れる会社としても、その年齢くらいまでの人材を引っ張らないとバリバリ働いてもらう期間が残されていない。そういう意味で、人にもよるけれど、三五歳は人生の分岐点であり、転職の最終電車ということになる。

三五〜四二歳はプロフェッショナルとして実力を発揮して、即戦力になる時期。現場の第一線を離れて管理職への転換が始まる。役職と給与が結びついている日本の企業形態では、技術屋として現場でずっと働き続けるのは難しかった。管理職にならないと給料も上がらないシステムになっていた。最近では現場のスペシャリストとしての生き方を評価する会社も出てきている。

四二〜四九歳。重役予備軍としてスキルや専門知識よりマネジメント能力が問われる。教育費や税金、年金、保険の重圧が一番重くなる時期でもある。

四九〜五六歳。今の大学生がこの年代を迎えるのは二〇三五年前後。#1でも説明したように、生産年齢人口と老年人口の割合が二対一ぐらいになって、年金や医療費のコストが非常に高くなる。最悪の場合、日本の財政破綻の危機を迎えて、国債の暴落や金利の急上昇、大インフレに見舞われる恐れもある。

五六〜六三歳でサラリーマンの人生は二つに分かれる。一部の人はそのまま重役コースに乗って、その他の多くは定年退職するか会社に残っても嘱託扱いに。

六三歳以降は第二の人生。平均余命は約二〇年。その二〇年をどう生きるか、現役のときから考えておかなければいけない。

昔は漫然と生きていてもよかった。それなりに社会が成長し、会社が成長し、自分の地位も上がって収入も増えた。でも、これからはそうはいかない。地位や給料が自動的に上がっていくことはないし、下手をすれば日本という国自体がずるずると落ち込んでしまう危険性だってある。

そういう時代をどう生きるのか。どうやって生きていくのか。今からタイムスケジュールに沿って仮想演習しておくべきだと思う。もちろん今の自分には見えないことがたくさんある。だから希望でも推測でもいい。何歳で何が起きて、自分がどうしているかを考える。何歳までにどうするというタイムフレームを設定して、明確な目標を持つ。将来に対する見通しや、したい仕事に対する明確なイメージを磨く。それは、先行きが見えにくい時代の中で流されずに自分らしい生き方をするためのコツだ。

〈畑村〉

理科系、技術系と文科系では能力のピーク年齢が異なる。物理的なモノを扱う技術系のビジネスマンに必要な閃きや新しい発想は若い頃のほうが出てくる。しかし、文科系、事務系のビジネスマンは人間関係や人間の考え方そのものを扱う。そこで必要なのはコ

ミュニケーションやマネジメントの能力であり、それは理屈や理論で理解するものではなく、経験によって自分で獲得していくものだ。つまり年齢を重ねるほど経験を積んで身についてくる。どこの企業でも上に行けば行くほど、管理職やトップマネジメントを文系出身者が占めるのはそういう理由による。

技術者から見れば実に腹立たしい現実だが、そういう社会にしてしまった責任の一端は技術者の側にもある。

技術者のほとんどは理科系出身である。自分で理科系の進学コースを選び、その勉強が生きる方向で就職先を選んできた。では、なぜ理科系を選んだのだろうか。

もともと計算が得意だったとか、科学的な論理思考が向いていたとか、自然現象に興味があったとか、理由はいろいろあるだろう。しかし、本当にそれだけだろうか。

そんな前向きな理由ばかりではなくて、人に対する興味が少なかったり、社会への関心が薄いために、タコツボ的に理科系の世界に逃げ込んできた人もいる。面倒な人間関係や社会との関わりを持ちたくないというモラトリアム意識から、理科系の世界で内向きに自分の興味を満たしているふりをして、その実、外向きに自分の存在意義を主張する——。そういう姿勢で技術者になった人が案外大勢いるように私には思える。

就職してから生産現場よりも研究開発職を好む技術者は多い。研究開発の仕事のほうがカッコいい、世間体がいい。できる技術者は研究開発をするものだ――。そんな安直な考え方をする技術者の何と多いことか。

本当に理科系の人種なら、世の中の現象を理科系の目で捉える義務があると私は思っている。今、世の中で起きていることにはどんな要素があって、それがどんな構造性を持っていて、それがどう動いているか。サイエンスの視線で社会や会社を見たときに、見えてくるものがたくさんある。自分がなすべきことも見えてくる。世の中に対して自分がアウトプットすべきことがわかる。

それをせずに多くの技術者は楽な道を選んで、社会から隔絶された理科系世界の住人を気取って閉じこもっている。墓穴を掘っているのは技術者自身なのだ。

そして、トップマネジメントに理科系的、技術的な理解が不足していることが今の企業社会の問題でもある。正しい組織管理をすることが社会の要請だと思って、技術系のビジネスマンといえども、これからは会社に入ったときからきちんと人を動かす術や組織を上手に泳ぐ方法を身につけるべきだろう。そうでなければ、いつまでたっても文科系の人たちに使われるばかりである。

#6　就職する前に

就職とは文字通り、職に就くこと。就職と就社は違う。会社に入れば、それで就職できたと思ってはいけない。企業の浮沈は世の常。倒産や合併による消滅は日常的に起きる。会社に寄りかかった生き方をしていると、そんなときに途方に暮れてしまう。

もちろん就職するときにはどこかの会社には属することになる。しかし、それはまだ就社したに過ぎない。その会社で知識なり専門能力なり一つのことを究めて、どこの会社に行っても通用する職を身につけるのが本当の就職だ。

就社ではなく、就職する意識を持つことは非常に大切だが、現実問題として、社会人の第一歩を踏み出す会社というのは、その後の人生に大きな影響を与える。最初の会社次第で、人生の大枠が決まってしまうことがある。

会社によって個人の成長の度合いは違ってくるし、引き出してくれる能力の濃淡もスキルの差もある。社風や文化、職場の人間関係などで仕事に対する意識や人間性そのものも変わってくる。最初にダメな会社に入ってしまうと、仮にその会社に居続けないにしても、不毛な社会人人生を送る結果になりかねない。だから、就職予定の会社の実像はでき得る限り把握しておいたほうがいい。

企業にとって人の採用は最重要事項だから、いい人材を獲得するために多少の脚色をすることはあり得る。学生に配る就職案内に掲載されている募集広告を見ると、ビックリするほどいいことしか書かれていない。「キミのような人材を待っていた」「当社はこんなこともやっている」——。そんな文句に誘われて入社したら実態は大違いだった、なんてことはよくある。もっとも売り込む側も自分の能力を過剰にアピールするわけで、ある意味で就職戦線は騙し合いのようなもの。採ったもの勝ち、入ったもの勝ちの部分もある。

最近は日本の就職構造も変わってきた。慢性的に人手不足だった高度成長期は、将来の成長を見越してどこの企業も大量に新卒採用をしていた。しかし右肩上がりの成長が止まれば、大量採用によって人事コストは膨らみ、将来の余剰人員を抱え込むことになる。バブル崩壊以降、企業は新卒採用を控えるようになり、定期的な新卒採用から必要に応じた通年採用に切り替える企業も出てきた。

こうした就職構造の変化の根底にあるのは企業の人事政策そのものの構造変化だ。終身雇用や年功序列といった従来の日本型経営を支えてきた人事システムが崩壊して、実力主義や成果主義の導入が進んだ。給与原資の総額は変わらないけれど、結果を出した社員には傾斜配分する。昔は同期の給与格差はほとんどなかったが、現在はできる人とできない人で大きな給与格差が生じるようになった。

誰だって給料は高いほうがいい。高い給与を望むことは間違っていない。問題はその給与に見合う実力があるかどうかだ。実力主義や成果主義の下では、稼ぎたいなら相応しい実力を身につけ、成果を上げるしかない。

どこの会社でも大体、給与は自分で稼いだ額の三分の一しかもらえないと覚えておいたほうがいい。社員一人当たりの人件費というのは、各種保険、福利厚生、会社の維持管理費など含めると給与の約三倍かかる。つまり会社としては給料の三倍働いてもらってようやく人件費がペイできるわけだ。最低でも給料の三倍働かなければ会社は維持できないし、五倍働くぐらいでないと立派な戦力として評価してもらえない。

そして会社に貢献できなければ居場所はなくなる。主に中高年が対象だったリストラは常態化して、今や二〇代、三〇代もその標的になっている。雇用の流動化は今後も進んで、実力のない人はシビアな状況に置かれる。

特に技術者の場合、前項で説明したように、三五歳ぐらいまでが転職適齢期だ。仮に修士まで行って就職すれば二四歳。一浪でもすれば二五歳。すると三五歳というのはわずか一〇年先だ。能力的なピークを迎える二八歳までは三年しかない。そうした年数を常に意識して働くべきだろう。文科系のビジネスマンなら転職の最終電車は三八歳を目処に考えておきたい。〝就社〟に安定を求める時代ではなくなった。大企業も簡単に倒産するし、リストラもある。すでに衰退期に入った大企業ですでにパターン化された仕事に安住している間に、市場価値のあるスキルやキャリアから取り残される危険性だってある。

安定を望んで一つの会社にしがみつくことが一番不安定な時代といえるかもしれない。だからしっかりと〝就職〟するべきなのだ。

〈畑村〉

戦後の日本社会では長らく、一つの会社に勤め上げることが美徳とされていた。一つの会社に就職して、仕事のこと、会社のこと、社会のことを学びながら、一歩一歩階段を上がって一人前の社会人になるという考え方が広く一般的で、「勤め上げる」という言葉には、正しくその階段を上り切ったという語感が含まれていた。逆に会社を替わること、転職することには正しい階段を上り切ることができなかったという中途半端なイメージがつきまとった。

一つの決まりきったコースを通るのがよいことだと多くの日本人が思っていたのは何故だろうか。あるいは江戸時代の幕藩体制に由来しているのかもしれない。当時の人々は一つの藩に縛られて生きる以外に道はなく、藩を飛び出すのは脱藩行為として厳しく処罰された。要するに裏切り者だったのである。

労働力の流動化が進んだといっても、今でも転職者をどこか裏切り者扱いする雰囲〝気〟が残っている。かつての企業社会にはそういう〝気〟が充満していて、社員の行動を規制していた。それを上手く利用していたのが終身雇用制というシステムだ。

二〇〇一年に国際会計基準が導入されたときに、企業の退職金不足問題がクローズアップされた。企業会計の基準が大幅に改正されて、退職一時金や退職年金の積み立て不足を財務諸表に計上することが義務づけられた結果、多くの企業で企業年金や退職金の積み立て不足の実態が明らかになったのだ。必要な退職引当金を一〇〇%積んでいた企業は上場企業で三分の一しかなかった。当時、慌てて不足分を一千億円単位で積んだ大企業もある。

終身雇用制が機能していた時代、企業は「若いうちは給料が安くても仕方がない。給料は年功で上がっていくし、定年で辞めるときには大きな退職金ももらえるのだから」

という説明をして、社員の給料を抑えてきた。ところが実際には支払うべき退職金を用意してなかったのだから、ほとんど騙し討ちに近い。会計基準が変わることになって、しぶしぶウソを認めたわけである。

中途退職者に対しては「最後まで勤め上げないんだから仕方がない」という理屈で雀の涙ほどの退職金を出すだけで、ほとんど未払いで追い払ってきた。そんな仕打ちを見ていたら、社員は「最後まで会社にしがみつかなければ損だ」という気持ちになる。

こうしたカラクリで一つの会社に「勤め上げる」美徳と終身雇用制は堅持されてきたのである。

＃7　大企業か中小企業か

▼企業の定義

「中小企業基本法」では中小企業をこのように定義している。
製造業等は資本金三億円以下または従業員数三〇〇人以下
卸売業は一億円以下または一〇〇人以下
小売業は五千万円以下または五〇人以下
サービス業は五千万円以下または一〇〇人以下
資本金か従業員数かどちらかの基準を満たしていれば中小企業。だから、たとえば製造業なら資本金が三十億円でも従業員数が三〇〇人以下なら中小企業。資本金も従業員数もこの定義を超える企業は大企業ということになる。
さて、大企業と中小企業、職場として選択するならどちらが良いか。当然、大企業のほうがいいという声が聞こえてきそうだ。

寄らば大樹の陰で、大企業には安定感がある。給与水準、福利厚生、待遇面などは高水準であり、労働環境としては申し分ない。あらゆる点でシステムが完成しているから、一通りビジネスの基本を学ぶにも適している。人材も豊富でよい手本や先輩に事欠かない。海外拠点なども充実しているから幅広い経験ができるし、いろいろな知識を身につけることができる。

大企業のメリットを挙げればきりがないけれど、成長余力という点では大企業よりも中小企業のほうが大きい。

今ある多くの日本の大企業はすでに成熟期から衰退期へと移行しつつある。最上階で乗ったエレベーターは必ず下がる。そして東大生というのは概して最上階のエレベーターが好きだ。その会社が一番輝いていて人気があるときに、競争率の高い就職試験をパスしてくるのが東大生だ。

かつてのセメントや石炭業然り、繊維業然り、鉄鋼業然り、現在の自動車、電気産業然り。時代の脚光を浴びた花形産業のトップ企業には東大卒の社員が大勢いる。しかし、セメントも石炭も繊維も鉄鋼も主役の座から落ちて、今や完全な斜陽産業だ。だから、巷では東大生が就職するようになった会社はダメになるとも言われる。

企業の繁栄期間は約三〇年という有名な説がある。その説に従えば、入社時には繁栄していた企業も、定年退職する頃には衰退している。

すでに成長のピークを迎え、今後業容が縮小していく可能性の高い大企業では、会社の成長とともに自分が成長する醍醐味を味わうのは難しい。人間は新しいことを経験するときに能力が大きく伸びる。しかし成長のピークを過ぎた会社は冒険を嫌って現状維持に走りがちなので、新しいことにチャレンジする機会も少なくなってくる。給与などの待遇面は、入社したばかりの二〇代、三〇代の頃は世の中の平均以上にいいだろうが、何かと金がかかるようになる中高年以降になって失速する危険性もある。

大企業に就職すれば一時の安定は得られるかもしれない。でも安住が保証されるわけではない。

▼中小企業の現実

中小企業の安定感は大企業に及ぶべくもない。発展途上であり、システムも整備されていない部分が多い。中小企業の経営者はワンマンが当たり前で、トップダウンで物事が進むから、社長の方向感覚が経営を左右する。

社長の器以上に会社は大きくならない。中小企業が中小企業であるにはそれなりにわけがある。社長の器が大きい中小企業はすでにもう大企業になっている。もちろん今の大企業だってもとは中小企業だったわけで、そうした企業が大企業へと成長できたのは、日本経済自体が成長期にあったからでもある。成長が頭打ちになって成熟期に入った今の日本では大企業と中小企業の棲み分けがガッチリとできてしまっていて、これから中小企業が大企業にステップアップしていくのは大変な努力を要するだろう。

それでもIT関連ビジネスなどの新しい産業分野では若い企業が出てきている。あるいは既存の中小企業の中にも世界に冠たる技術で世界でもトップシェアを誇っているところがある。そうした会社に入って、大企業へと大化けする可能性に賭けてみるのも人生の選択だ。ストックオプションで手に入れた自社株が公開後に高値をつけて、一夜にして資産持ち、なんて話もまんざら夢物語ではない。

ただし、東大生と中小企業の相性という問題がある。東大生を問題なく受け入れられる中小企業は少ない。

人材に乏しい中小企業では、さして実力や能力のない人が部長や課長などマネージャークラスの役職に就いていることがある。そういう会社が急成長して東大生を受け入れるようになると、東大出の新人社員が先輩社員を能力的に上回る逆転現象が頻繁に起きる。会議で討論しても上司が新人にやり込められることがあったりする。

人材不足で早くから責任のある仕事を任せてもらえるからやりがいはある。うまくいけば早く成長できるし、出世のチャンスも多い。とはいえ、高学歴に対する妙な反発心が職場に生まれると何ともやりづらい。社長が物のわかる人ならいいが、社長以下の経営陣が全員叩き上げタイプだったりすると非常に苦労する。

結局、大企業でも中小企業でも働くメリットはあるし、デメリットもある。そのバランスと優先順位を自分で判断して職場を選ぶしかない。どこの会社に行っても不断の研鑽をして、市場価値のある能力を養うことが大切だ。


〈畑村〉

就職活動で気をつけなければいけないのは、周囲の雰囲気やその時代の空気といった〝気〟に流されてしまうことだ。多くの学生はその時代に一番人〝気〟のあるところに行きたいと考える。特に東大生の場合、自分は出来がいいんだからいい就職先を選ぶ権利があるし、その権利を行使するのが当然だ、と思い込んでいる。せっかく特急券を持っているのに使わなければ損だ、と。しかも、それを声高に主張するから、周囲から浮き上がったり嫌われる。

しかし、いい会社に就職する特急券など存在しない。そんなものは幻想でしかない。特急券で乗ったつもりの会社が、二〇年経ってみたら不況業種、斜陽産業の象徴になっていたという例は枚挙に暇《いとま》がない。

図5は東大機械系三学科の就職先の変化を示している。データを取り始めた一九七六年当時、すでに鉄鋼や繊維などの素材産業は人気業種ではなくなっているが、それでも重機械、自動車、電気などの製造業への就職が多い。しかし、一九八〇年からそれらの業種への就職は漸減し、バブルに突入した一九八五年以降、製造業への就職は急激に減って、バブルの全盛期には給料の高い銀行や証券などの金融業界に大挙して就職している。当時、東大で就職担当をしていた私は危機感を持って、「このままでは理科系出身者は製造業に一人も行かなくなる」と業界に警告を発した。それにいち早く呼応したのがトヨタで、給与水準のアップや福利厚生の充実に取り組んで理科系学生の呼び戻しを図った。

あれから一〇年以上が経過して、ビッグバンを経て都銀がわずか四行になってしまった金融業界に就職する学生は激減し、就職先として製造業が復権している。現在の人気業種は自動車、精密機器、電気になっている。果たして一〇年後、二〇年後も人気業種でいられるだろうか？

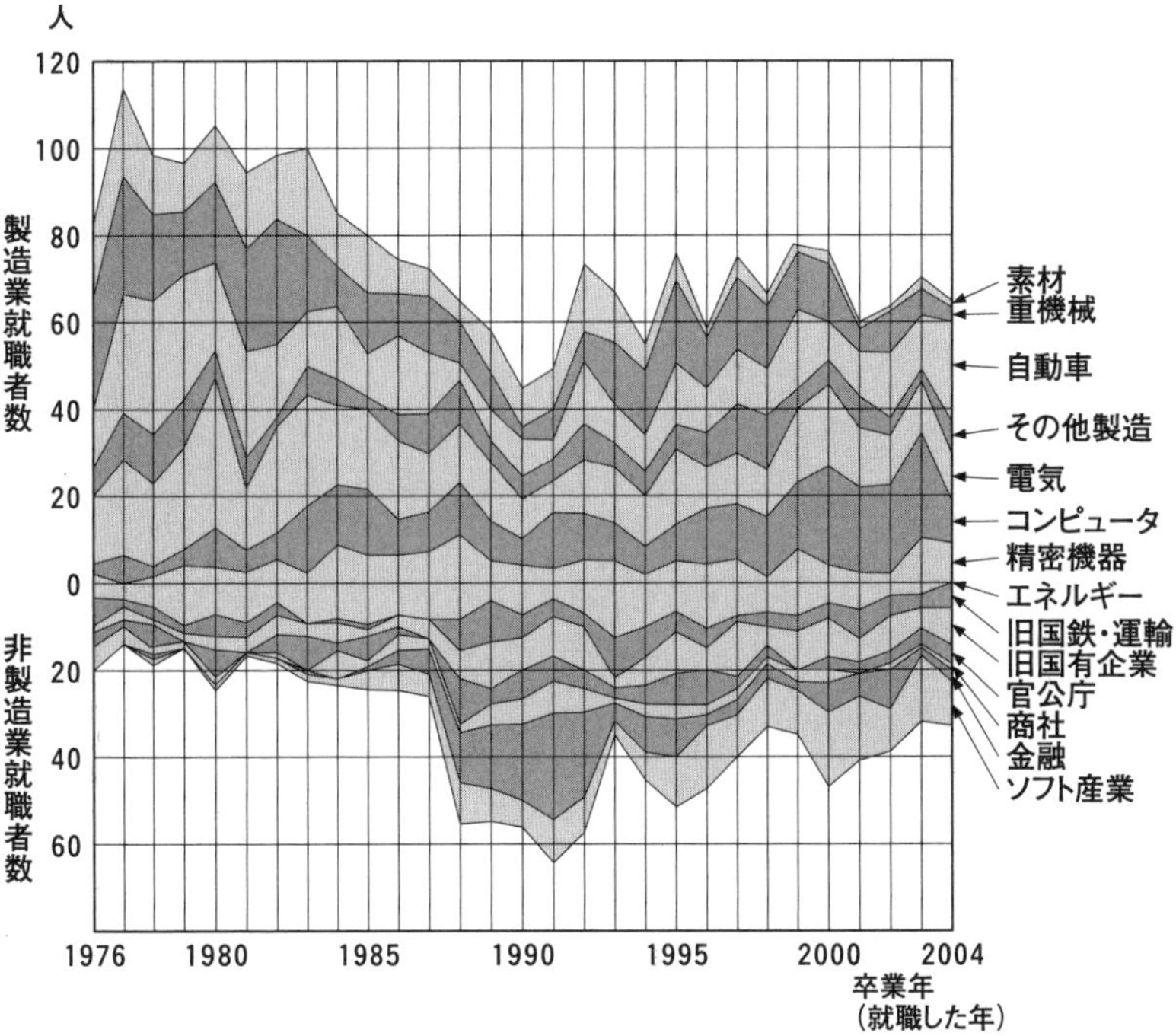

図５　東大機械系３学科学生の就職先の変化
―1976〜2004 年―

第二章

会社というもの

＃8　会社の選び方

我々はテレビ、新聞、雑誌などのメディア広告や実際の製品から企業のイメージをとらえがちだ。しかし、就職先として会社を選択する場合には、イメージだけでは済まされない。具体的かつ根拠のある資料によって会社の実態をつかむ必要がある。無料で送付されてくる就職案内の求人広告にもある程度の情報は載っているが、あくまで求人用に脚色された情報なので、それだけで判断すると会社の実態を見誤る恐れがある。

具体的かつ根拠のある資料とは何か。簡単に手に入るのが東洋経済新報社が年四回発行している『会社四季報』や日本経済新聞社がやはり年四回発行している『会社情報』、そして政府刊行物サービス・センターなどで販売されている企業の「有価証券報告書」だ。

『会社四季報』や『会社情報』は株式投資向けの情報誌で、何といっても役立つのはその会社の過去に関する正確な情報が掲載されていることだ。業績予想など未来に関する情報も載っているけれど、これは会社が自分で予測した情報をそのまま載せているので、あまり当てにならない。

「有価証券報告書」は証券取引法によって総理大臣への提出が義務づけられている事業報告書で、上場会社や店頭登録会社は毎事業年度経過後三カ月以内に提出しなければならない。政府刊行物サービス・センターでは決算後四カ月くらいから販売される。

東京証券取引所にはすべての「有価証券報告書」が揃っていて閲覧できる。企業のホームページにも掲載されているので、インターネットで簡単にアクセスできる。

▼会社四季報・会社情報の活用法

『会社四季報』や『会社情報』で候補になる会社の情報を引き出したら、それで比較表を作成してみるといい。

比較項目としては、たとえば売上高、営業利益、経常利益、純利益。これらの数値は会社の事業規模、スケールを表していて、安全性の指標になる。売上げと各種利益の関係は**図6**のようになる。この数値を社員数で割って一人当たりの売上高や営業利益を出してみると比較しやすい。

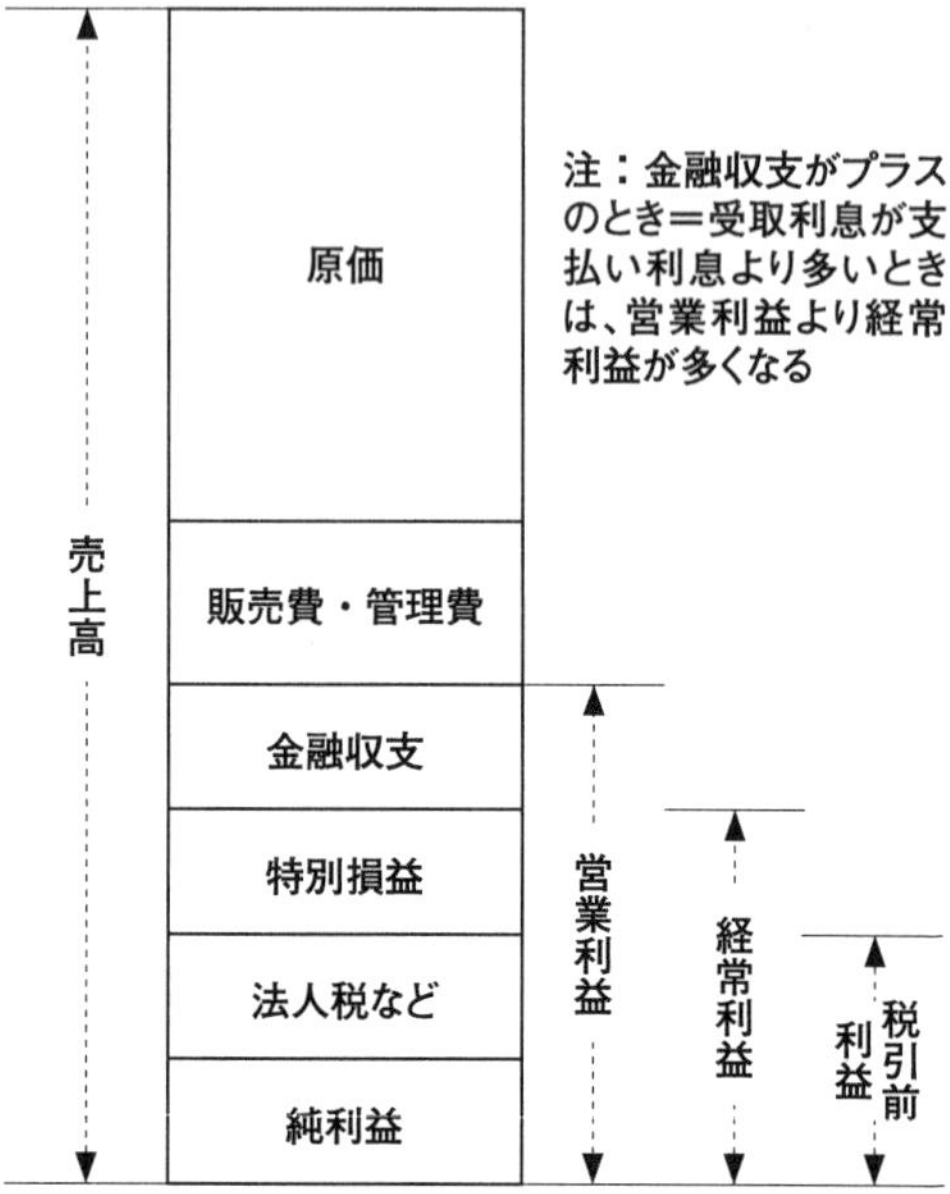

図6　売上げと利益の関係

収益性を表しているのが営業利益率や経常利益率。売上高が大きくても収益性が低ければ意味がない。だから営業利益や経常利益を対売上高率で見る。

成長性の指標になるのが売上高や経常利益。企業によっては値引き販売などによって売上げを伸ばしているのに経常利益が減っている場合がある。売上高と経常利益を過去数年に遡って比較すると、どこの企業が伸びているのかわかりやすい。

安全性、収益性、成長性の三つのポイントでこうした比較表を作ってみると、それぞれの会社の実態が見えてくる。

図7は大手自動車メーカー四社の比較表だ。売上高や営業利益で見ればトヨタが他を圧倒しているが、一株当たりの利益は本田技研のほうが高い。ちなみにＲＯＥ（株主資

2004.3月期	トヨタ自動車	日産自動車	本田技研	三菱自動車
売上高（連）　億円	172,947	74,292	81,626	25,194
営業利益（連）　億円	16,668	8,248	6,001	▲968
経常利益（連）　億円	17,657	8,096	6,419	▲1,102
利益（連）　億円	11,620	5,036	4,643	▲2,154
一株利益（連）　円	342.9	122	486.9	▲145
一株株主資本　円	2,456	494	3,055	20
総資産　億円	220,402	75,898	83,287	20,290
株主資本　億円	81,785	20,239	28,744	299
株主資本比率	37.10%	25.80%	34.50%	1.50%
有利子負債　億円	75,614	29,714	26,160	10,626
ROE	14.20%	24.90%	16.20%	-719.00%
ROA	5.30%	6.40%	5.60%	-10.60%
従業員数（連）	264,410	123,654	?	43,801
年収　万円	822	704	?	?

資料：会社四季報より　連結決算

図7　自動車メーカー4社の比較

本当期純利益率＝当期純利益÷株主資本）やＲＯＡ（総資産利益率＝利益÷総資産＝［利益÷売上］×［売上÷総資産］）は収益性を見る項目で、ここでは日産の健闘が目立つ。

どんな会社もある規模以上になると成長が鈍ってくる。無限大に成長する産業や企業はない。数字を比較して最良の条件の企業を見つけたとしても、前項でも説明したように、産業の盛衰からすればこれからは下降局面に入る可能性が高い。従って現在の安定性だけではなく、成長性や将来性を加味して判断することが大事だ。

数字に縛られていると見えないこともある。待遇面は初任給や平均給与が判断材料になるが、給料が高いということは相応の仕事を要求されるということだ。優良企業は概して人使いが荒い。人使いが荒い、言い換えれば人材を効率よく使っているから利益が上がるのだ。幅広く情報を収集して、社員の働きぶりや仕事のスタイル、企業文化や風土といったものまで理解した上で、自分に適った会社かどうかを判断するべきだろう。

▼有価証券報告書の内容と見方

「有価証券報告書」の主な項目を説明しよう。

「企業の概況」——会社の沿革や事業内容、さらに資本金の推移、株式の総数、一株当たり配当金の推移、株価及び株式売買高の推移など主だった経営指標の推移、さらに関連会社の状況や役員の状況が記載されている。

「事業の概況」——業績の概要や生産・受注・販売の状況などの説明と、対処すべき課題や経営上の重要な契約や研究開発活動などが報告されている。「ウチはこんな事業をやっています」「こんな研究をしています」とPRしていても、ここに記載されていなければ信頼はできない。

「設備の状況」――工学系の学生は要チェックのポイント。設備の状況、設備の新設があるかどうか、重要な拡充や改修があったか、またはそれらの計画があるかどうかが示されている。

「提出会社の状況」――株式の総数や発行済み株式、新株予約権などの状況、所有者別状況、大株主の状況など、株式に関するさまざまな状況が記載されている。その他、配当政策や株価の推移や、役員の状況なども書かれている。

「経理の状況」――連結財務諸表と財務諸表などが記載されている。貸借対照表、損益計算書、キャッシュフロー計算書など、その会社と企業集団全体の財務状況がすべて公開されている。

　さて、就職情報として「有価証券報告書」を活用する場合、どのような見方をすればいいのか。

　たとえば「役員の状況」という項目には役員の職名、氏名、生年月日、略歴、所有株式数などが記されている。ここを見ればたとえば営業系の役員が多いとか、技術系の役員が多いということが一目瞭然だ。どんな事業部を出れば取締役になれるのか、日の当たる花形事業部はどこか、といったこともわかる。
「従業員の状況」の項目では従業員数や平均年間給与、平均勤続年数、平均年齢などが一覧できる。給与実態はもちろん、従業員の状況からその会社が成長期にあるのか、成熟期にあるのかもわかる。若い会社ほど社員の平均年齢は低い。

平均勤続年数も会社の成熟度の指標になる。平均勤続年数が長いということは、それだけ社員が安心して働ける安定した会社と見ることもできるが、一方で古参社員ばかりの古い会社の特徴ともいえる。逆に売上げが伸びている若い会社というのは若い社員をどんどん採用するので、通常は平均勤続年数が下がってくる。社員の定着率が低く、離職率が高い会社も平均勤続年数は短い。

売上げなどと見比べて、平均年齢や平均勤続年数が納得できればそれでよし。納得できなければ、先輩ＯＢやＯＧを訪ねて平均勤続年数が長い理由や短い理由を確認してみる。なぜそうなっているのか、という疑問を持って情報に接して、自分で納得するまで考えることが重要だ。

技術系の学生であれば「研究開発活動」に関する項目を見逃してはいけない。研究者数、研究開発費の動向、研究の成果などが記載されているので、そこから研究開発の実態やその会社の方向性、将来性が見えてくる。「設備の状況」にも同じことがいえる。

「関連会社に関する事項」では系列やグループがわかる。どんな親会社があって、どんな子会社があるのか、グループ内でその会社がどういう位置づけなのかを見る。

基本的に子会社が親会社を凌ぐことはない。古河グループの場合、古河鉱業（現、古河機械金属）から古河電気工業が生まれ、さらに富士電機、富士通、ファナックという子会社が生まれ、現在は富士通がグループの中核企業になっているが、これは稀な例。

会社の親子関係というのは、実際に仕事をしてみると、それがさまざまな形で制約条件になってくる。自分が目指す会社が親会社なのか、子会社なのか、子会社であればどういう親会社があるのか、押さえておくべきだ。

〈畑村〉

親会社が子会社の資本の三割以上を持っている場合、実質上の人事権は親会社にある。すると社長や役員クラスは親会社からやってくるという天下り現象が起きて、その会社の生え抜きではいくら頑張ってもトップになれない。こうした子会社プロパーの嘆きはよく聞かれる。

もう成熟しきって、変化がないことを求めるような大企業は受け皿になるような子会社をたくさん作って、本社の出世コースから外れたり、定年近くになった人材を送り込んでくる。そんな親会社と子会社の関係では、活力ある子会社など生まれようがない。組織を活性化するための分社化が流行っているが、本当に子会社を活性化するためには、プロパーの人材がトップになれるようなシステムに改めなければいけない。

「東大出の取締役が半分以上になった会社は必ずダメになる」という法則がある。東大出の取締役が増えるということは、会社として成熟期に達した一つの証。そうした会社は変化を嫌い、現状を維持しようと管理手法に走る。マニュアルを徹底したり、従業員の勤務管理を厳しくするような管理手法を採ると、社員は上司に上辺だけよく見せて、陰で舌を出すという〝面従腹背〟が横行するようになる。管理は形骸化し、組織の活力はどんどん失われて、そういう会社はいずれ潰える。

何も東大に限ったことではないが、経営陣が学閥に支配されている会社というのはモノカルチャーになる。全員が同じような考え方をするからだ。皆が同じ考え方をするから、そこにいる人たちにとっては居心地がいい。ただし、周囲の状況変化に対する対応力は極端に落ちる。

同じような方向の考え方をするということは、思考のベクトルが揃っているということである。同方向のベクトルがどれくらい揃っているかということを数学では〝内積〟

という。反対にベクトルがどれだけ違う方向を向いているかが〝外積〟。
変化の激しい時代に生き残るのは、内積の大きい会社よりも外積の大きい会社である。

＃9　会社の組織

会社組織は基本的に**図8**のように社長または会長を頂点としたピラミッド構造になっている。これは大臣または事務次官を頂点とする官僚組織も同様だ。ちなみに官僚の場合はトップの事務次官に上り詰めるのが五〇代後半。新しい事務次官が誕生した時点で、他の同期全員がリタイアするのが慣例だ。

近年、会社の組織形態も変わりつつある。

大量の新卒採用と終身雇用、年功制の人事システムが機能していた時代は、大勢の社員を処遇する上でポストが不足していたから管理職ポストを水増ししてきた。部長代理、次長、部長補佐、部付部長といった訳のわからない役職はそういう時代の産物だ。

しかし右肩上がりの成長が止まり、終身雇用や年功序列の人事システムが崩壊してくると管理職ポストを増やす理由はなくなる。むしろ人件費のコストアップにつながる無駄な役職は減る傾向にある。

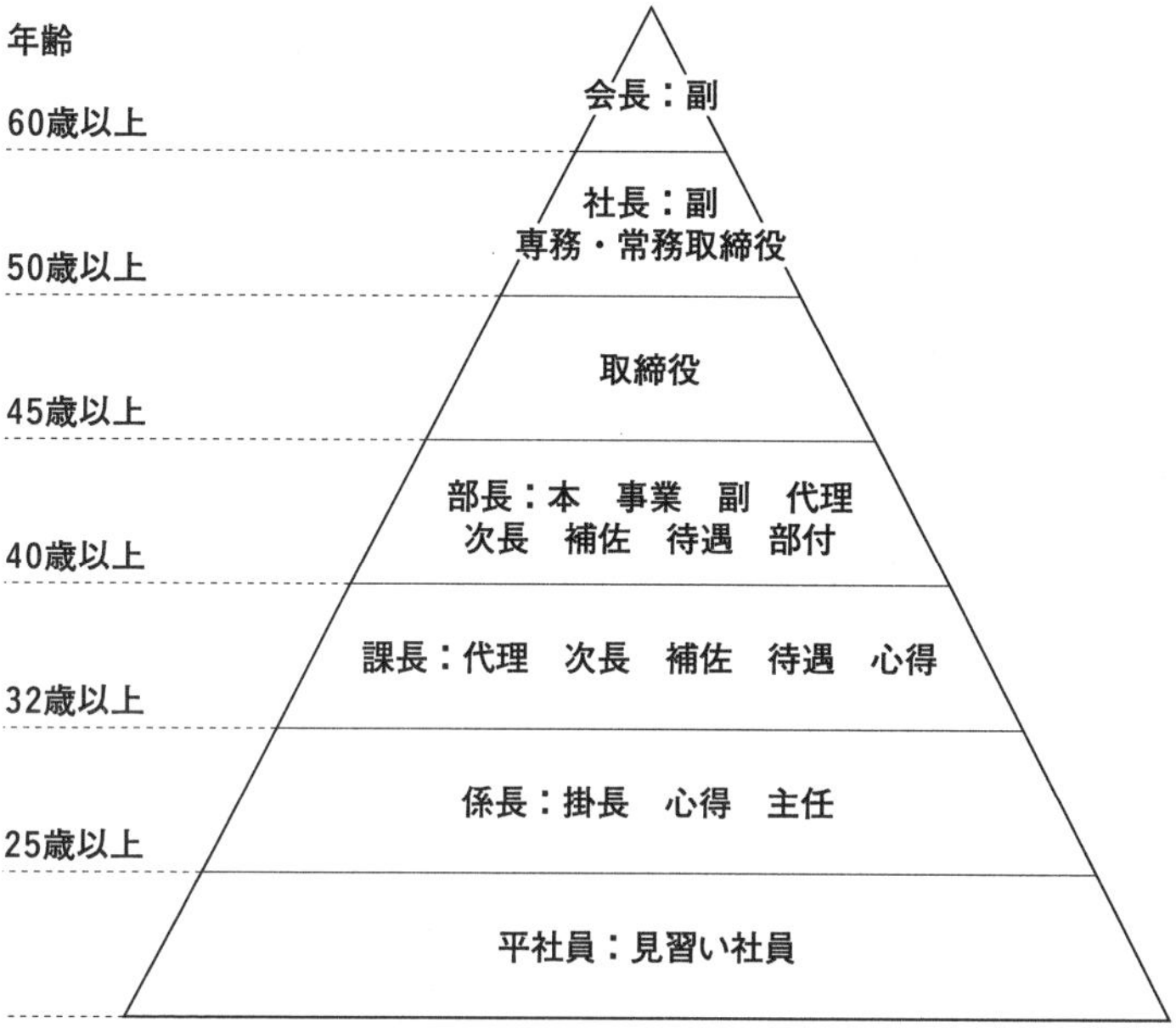

図8　会社組織のピラミッド構造

ピラミッド型のマンモス組織では意思決定に時間がかかり、急激な時代の変化に対応できないということで、大企業は機動力のある小さな組織への分社化、フラット化を進めている。分社化、フラット化によって余計な役職はなくなり、トップ直轄のマネージャーと平社員だけという組織形態も出てきている。

また取締役の員数を減らして、執行役員制度を導入する会社も増えている。執行役員とは従来の代表取締役などに代わって、会社の業務執行の一部を担当する社員のこと。商法が定める取締役とは違って株主に対する責任はなく、会社との関係でいえば、立場はあくまで一従業員（使用人）に過ぎない。

これまでは取締役が会社全体の経営と実際の業務執行を兼ねる場合が多かったが、執行役員制度の下では経営は取締役、現場の業務執行は執行役員が分担する。こうした執行役員制度の導入目的は経営のスピードアップのためといわれている。

我々が就職した時代、昭和四十年前後というのは高度成長期の真っ只中、当時は誰でもやがては課長や部長になれた。しかし、成長が止まってポストそのものが減っている現在は、皆が課長、部長と出世できるわけではない。順調に出世できるのは同期のうちでも本当に実力のある上位一〇%程度。そういう人材は三〇代から部長をやらせても十分に務まるし、実際に会社から見込まれて選抜教育を受け、若くして幹部コース、役員コースに乗る。

いつか自分にも順番が回ってくるだろうと思っていたら大間違いで、社員のシビアな選別は入社直後から始まっている。そして選別が見直されるチャンスは何度もない。

東大を出ても実力がなければ一生平社員のまま。そういう時代が確実にやってきている。

〈畑村〉

課長とは文字通り、「課」という会社の業務単位の中で一つの機能を果たすグループの長のことをいう。部下を率いて求められた機能を果たすのが課長の仕事であり、いわば業務を推進する実戦部隊の隊長だ。他の課や他部署との関係をどうするかといったことは、それが業務に関わりがある場合を除いて、ほとんど考える必要はない。課長はあくまで組織上の機能を果たす、つまり与えられた業務を遂行するのが最大の眼目だ。

これが部長になると、いくつかの課をまとめて部門全体を統括するという機能が求められるようになる。それに付随して他部門と連携したり、社外、もっと言えば世の中との関係をマネジメントするのも部長の仕事である。課長が縦方向の機能だとすれば、部長には水平方向の機能が要求される。これが課長職と部長職の大きな違いだ。

一つの技術を一生懸命突き詰めてきた技術者は課長まではなれる。しかし、部長になって、他部署と連携したり、他のセクションの人間を動かしたり、世の中で起きていることに関心を持ってコミットメントしていくような仕事が求められるようになると、途端にそれができなくなってしまう。つまり水平方向のマネジメントができない。だから技術畑出身の部長は部長止まりで、そこから上の取締役にはなかなか行けない。

これは技術者全般に通じる宿命的な課題で、若い頃からモノを対象にした仕事の面白さに没頭してしまうがゆえに、水平方向のマネジメントという機能の訓練ができていないのである。

目端の利くサラリーマンは自分の仕事をしながら、上司の動きをしっかり見ている。上司の動きから会社の力学を学び、「あそこは見習おう」「自分ならこうする」と仮想演習をしてマネジメント術を会得していく。ここを突っつけばあちらから何かが出てくるといった、「蛇の道は蛇」的な社内の見えない関係を観察して、真の意思決定が会社のどこでどう行われているのかを見抜く。

そうした訓練を二〇代後半くらいから意識して始めなければ、部長になったときに必要な水平方向のマネジメント力は身につかない。

＃10　会社の本質

▼会社と社員

会社とは何か。広辞苑を引くと「商行為（商事会社）またはその他の営利行為（民事会社）を目的とする社団法人」と書いてある。商行為とは「営利のために行われる行為で商法が定めるもの」。営利とは「財産上の利益を目的として、活動すること。金儲け」。

わかりやすく定義すれば、会社とは「利益を上げることを目的とした機能集団」だ。

たとえば株式会社の場合、企業の所有権を株式という単位で分割して、その株式と引き換えにたくさんの出資者から資金を集めて「資本金」というまとまった事業資金にする。会社はその資金を使って事業を展開し、事業を通じて株主に利益をもたらさなければならない。社員に対しては労働の対価として賃金を支払わなければならない。

つまり会社が利益を追求するからこそ、社会に資金が還流し、雇用が生まれるのだ。

サラリーマンになるということは単に共同体の一員になるわけではない。利益を追求する機能集団の構成員になるということだ。当然、その構成員は会社全体として利益を生むようなものの判断や行動が求められる。そして利益を生む方向に動ける人だけが本当に評価を受ける。

自己実現したい。出世したい。社会貢献したい――。どんな夢を持って会社に入っても構わないけれど、最終的に会社の利益に結びつく行動ができなければ評価はされない。極端な言い方をすれば、社員を幸福にするために会社があるのではなく、会社を儲けさせるために社員がいるというのが実情。リストラで社員を切るのは、リストラしなければ会社が生き残れないからだ。

利益に貢献した社員にはそれなりに報いるが、利益を上げられない社員、会社に不利益をもたらす社員は容赦なく切り捨てる。善し悪しではなく、会社の本質とはそういうものだとわきまえておいて欲しい。

〈畑村〉

時として自分の価値観や自己実現の方向性と会社の利益が反することがある。人はそこで行動に迷う。しかし、会社は冷然と会社の利益になる行動を求める。三菱自動車の

リコール隠蔽事件のような不祥事が起きるのは、そうした会社の力学によるところが大きい。

今、会社は社会正義を貫いたり、社会貢献することを社会から求められている。しかしそれ以前に会社は利益を上げる集団でなければ、社会的な存在価値を認めてもらえない。きちんと利益を上げているとき、その会社を構成している社員たちの意思は正しく社会に伝わっていく。しかし利益を上げていないときには、その意思が伝わらなくなるのだ。

社会正義や社会貢献は最終的には会社の利益につながる。しかし、一度近視眼的な利益至上主義に走ってしまうと、反社会的な行為も辞さない。利益を上げなければ存在価値がないという強迫観念に曝《さら》されて、いつの間にか正常な判断が働かなくなる。それが会社という組織の恐ろしさなのである。

▼会社は永遠に不滅ではない

会社の本質について続けよう。

利益を追求する機能集団である以上、会社は「効率」と「生産性」を重んじる。当然、効率の悪い社員、生産性の低い社員の評価は低くなる。

会社と社会全体が伸びていた高度成長期は、少しぐらい効率の悪い社員、生産性の低い社員も雇っている余裕があった。実際、全体の効率から見れば社員はできる限り辞めさせないほうがよかった。しかし、成長が頭打ちになった今やそうはいかない。

人事評価というのは五段階や一〇段階評価でなされる。絶対評価をしている会社もあれば相対評価の会社もある。いずれにせよ、最下層の評価を受けた場合にはほとんどリストラの対象になると思ったほうがいい。

会社は「未来志向」ともいえる。未来志向というのは、過去の実績を考慮しないということだ。四〇代、五〇代になって「昔はあんなに会社に貢献した」「こんなに実績を積み上げてきた」とアピールしても評価されない。評価されるのはあくまで現在の能力なり成果。現在の市場価値と言い換えてもいい。その時点で会社から必要と見なされなければ、存在理由にはならない。

そして会社は「看板」を大事にする。社員になればどこに行っても会社の看板がつきまとう。その看板のおかげで銀行が住宅ローンを組んでくれたりもするが、逆に会社の看板を傷つけるような行為をすれば厳しく処分される。

看板に傷がつくのを恐れるのは、会社は自己防衛本能が非常に強いからだ。会社は

「倒産」を恐れる。そのためには給与削減もすればリストラもする。あらゆる手段を講じて倒産を免れようとする。

しかし会社の意志とは関係なく、外部環境の変化によって会社は社会から「退場」を宣告されるものであり、決して「永遠に不滅」ではない。

会計の世界には「going concern」という考え方がある。たとえば中世の東インド会社では航海ごとに事業を決算していた。そうした仕事単位の決算でもいいはずなのに、企業は決算を年度別に割って損益を明らかにし、税金を払っている。これは「going concern」、すなわち企業は未来永劫に継続するという前提に立った会計方式なのだ。

でもそれは会計上の概念に過ぎない。企業は不滅ではない。合併もあれば、吸収もあれば、倒産もある。それでも君たちは生き延びなければならない。会社がなくなっても生き延びるために、能力を磨き、スキルを身につけ、蓄財をして、備えなければいけない。

＃11　技術者の特質と陥りやすい欠点

▼理科系と文科系の差

技術者の特質としてまず第一に挙げたいのは、基本的に真面目だということ。

私は工学部時代、少林寺拳法部に所属していた。同じ部内でも文科系の部員は一部の例外を除けば、全然勉強しなかった。試験の時だけ部室で勉強して普段は遊び漬け。授業に出る日数も司法試験を受ける学生は別にして、文学部や経済学部は全然少ない。我我の場合は毎週実験があって、実験結果をまとめてレポートを書くと大体三、四日かかる。授業にも真面目に出る。理科系の私たちには文科系の学生は不真面目に見えた。

理科系の人間は物事をいい加減にすることができないという性向が強い。実験をいい加減にすると結果が出ないから、皆、真剣に取り組む。

物事に対して真面目に取り組む姿勢は技術者の美徳。しかし真面目さの裏返しで、他人に対する寛容度が低い人が多い。サボっている人が許せなく思えたりする。

文科系の人間は自分たちがいい加減な代わりに、他人にも割合優しい。他人が失敗すると、「ほら、真面目にやらないからそうなるんだ！」となじりがちなのが理科系。文科系は「可哀想」とか「何とかなるよ」という態度で接する人が多い。

もちろん理科系でも雅量のある人はいて、そういう人は会社組織の中でも上に行く。リーダーにはある程度の寛容さが必要だけど、総じて理科系は雅量のない人が多いと言ったら言いすぎか。

理科系と文科系のこうした差異は、興味の対象が物に向かっているか、人に向かっているかの違いによる部分が大きい。技術者だから物と対峙するのは得意だけど、文科系に比べると対人折衝が苦手な人が目立つ。

人間社会の中心はやはり〝人〟だ。物にしても技術にしても情報にしても利益にしても全部、〝人〟についてくる。人が運んでくると言ってもいい。だから人とどうつき合うか、人的ネットワークをいかに結んでいくかが、世の中を渡っていく上で非常に大切なのだ。対人折衝が不得手な技術者はそこが弱い。人を大事にする。互恵的なネットワークを作る。それを意識して行動したい。

これも真面目さの一つの表れだけど、決定したプランを確実に実行するというのも技術者の特質だ。しかし、それゆえに「企画」の下請け化して、全体を見ることをしなくなる。結果、視点が低くなって、経営者としての適性を欠いてしまう。

たとえば、ある会社がどこかに工場を建設するという場合、プロジェクトの企画段階から技術者が携わることは非常に少ない。関わるのはプロジェクトの実行段階。実際の工場をどう作るのか、工場のレイアウトはどうするのか、といった専門領域になってようやく技術者の出番になる。

実際にモノ作りは面白いし、形になったときには充実感があるから、技術者というのはついそれで満足してしまう。その繰り返しで現場でのモノ作りの経験こそ蓄積されるが、プロジェクト全体を企画する経験ができない。世の中の動きを見ながら、どんな工場をどんな規模でどういう立地条件でいつぐらいに作るか、といったことを考える総合的な企画力、決断力が培えない。

将来、経営の一角を担うときに必要なのは全体の企画力であり大所高所の決断力で、文科系の社員は企画関係の仕事で成功や失敗を数多く経験する中で、骨身に沁みてそれを学んでいく。一方の技術屋は「何を、いつ作るか」ではなく、「どう作るか」という実作業ばかりを繰り返し考えている。それが管理職以上になったときに大きな能力の差になって表れてくるのだ。

〈畑村〉

何かを決めるということは賭けをするということである。どんなにリスクをヘッジしても少なくしてもゼロにはならない。最後は賭けなのだ。賭けをする度胸のない人間は何も決められない。出世するにもある種の賭けが必要で、その点でも理科系より文科系の人間のほうが概ね度胸があるようだ。

我々の学生時代、理科系の学生が実験に明け暮れて必死になって勉強しているときに文科系の学生の多くは麻雀屋に通っていた。当時は、「遊んでばかりでろくなものじゃない」と横目で見ていたが、あんなタバコの煙が充満した不健康な部屋で麻雀牌をかき混ぜていた連中がそれぞれの世界で偉くなっている姿を見るにつけて、「もしかして、アイツらは麻雀をやりながら人をたぶらかす秘訣や、勝負度胸を養っていたのかな」と思うのである。

▼経営者への転換点

技術者は専門分野において経験を蓄積しやすい。だから仕事の判断は早くなる。特に機械、土木、建築系の仕事というのは仕事のやり方が劇的に変わるようなイノベーションが少ない。たとえば電気の世界だったらICチップの性能や容量は飛躍的に進歩するが、鉄板の厚さの規格は今も昔も変わらない。設計図の基本的な書き方だって変わらないから、専門家は一目見ただけで設計図に引かれた線の力学的な正しさや問題点がわかる。

判断が早くなるということは頭の中でパターン認識できるということだ。一から考えなくても、「これは大丈夫」、「これはダメ」とすぐにわかる。

判断が早いからますますその仕事ばかりを任されるようになるが、パターン認識で仕事をしているといつの間にか思考の柔軟性がなくなってくる。新しいことを経験しないから頭が固くなるのだ。一歩間違えば、自分のスキルへのこだわりが過ぎて、技術者ではなく技能者、つまりモノ作りの職人になってしまう。

そうまでならなくても、技術者はやはり技術に偏重しがちだ。技術者として得意分野に偏重するのは決して悪くはないけれど、経済、社会、政治、文化など他のことに関心がなくなってしまうのはいかにもバランスが悪い。

自分のキャリアプランとして、この先もずっと現場で技術者を続けられるならいいかもしれない。だけど何度も説明しているように、技術者の適齢期を外れるとどこかで生き方の変質を迫られる局面も出てくる。

もちろん管理職や経営者の資質として技術がわかることも重要なファクターだ。しかし、たとえば経営者ならその比重は多くても全体の二分の一〜三分の一程度でしかない。やはり経営者にとっての重要な資質は、その人の人間性であり、全体を見る総合的な判断力だ。

文科系の学生に比べて工学部の学生は優秀だと思う。実際、その資質と専門知識を買われて就職する。ところが技術偏重のあまりその時々により要求される事項が理解できずに、文科系の同期に遅れをとることが多い。

四〇歳以降の技術者はリーダー、管理職、経営層としての能力を要求される。技術者から経営者への転換点をしっかり認識して仕事をするべきだ。

＃12　成功する技術者

何をもって成功と定義するかは難しいが、ここでは会社で認められたり、出世するといった社会的な成功をイメージして欲しい。ノーベル化学賞を受賞した田中耕一さんは技術者として大成功したが、それがきっかけになって会社でも特進出世した。その意味では社会的にも成功を収めたともいえる。

さて、先輩、後輩を含めて数多くの技術者を見てきた私の経験則から、社会的に成功するために必要な技術者の要件を思いつくままに挙げてみた。

・物事の本質を一言で表現できる人

頭の切れる技術者は物事の本質をズバリと言い当てる。その一言はキャッチコピーのように説得力があるし、そういう人は自分の考えや仕事を他者にプレゼンテーションするのもうまい。

・マクロに全体を把握し、方向性を示すことができる人

全体を見通す大局観がある人は、どちらへ向かえばいいのか、あるいは方向転換の必要があるのかどうかを的確に指し示すことができる。

・所属する部、課などの組織を統括し、求心力の中心となれる人

技術的な知識にリーダーシップが加わると、個人だけではなくチームとして大きな成果を上げることができる。

・自分なりの尺度を持ち、物事の価値や当否を判断できる人

自分の価値観や尺度を持っている人は、周囲の状況に容易く流されず、考え方や行動にブレがない。その姿勢が信頼感と求心力につながる。

・他人が代替できない抜群の能力（技術だけに限らない）を持っている人

他に代わる者がいない能力というのは、それだけ希少価値がある。何も技術力に限らない。語学力、対人コミュニケーション能力、集中力、一つのことをやり続ける根気……どんなことでも並外れた能力のある人は、それを生かせる道を見出しさえすれば成功する。

・技術力があり、独創性を発揮できる人

有能に見えても、単に人真似が上手いだけという人が多い。そういうタイプは前例のないシチュエーションに置かれると何もできない。

・ハードだけではなく、ソフトを理解して、ハードとソフトを融合させられる人

時代はシステムの時代になった。ハードだけではなくソフトとの融合によって機能を発揮するのがシステムである。たいていの技術者はハードかソフトのどちらかしか理解していない。ハードもソフトも理解して、効率的なシステムを開発できる技術者は少ないので貴重であり、組織で非常に重んじられる。

・対外的に言ったことを確実に実行し、約束を守る人

会社に入るとさまざまな外注業者とのつき合いができるし、話をする機会が増える。特に中小の外注業者になると、正式な仕事の発注ではなくても、技術者が口にしたことをあてにして先行して仕事を動かす場合がある。仕事の準備が整ってから、「あの話はダメになった」と言われたら、そういう人たちは非常に困る。

一度煮え湯を飲まされた人間は信用しなくなるし、約束を破ったという悪い評判はすぐに広まる。その評判が本人の知らないところで社内人事に影響することだってある。技術者としての能力以前に、約束を平気で反故《ほご》にするような人は信頼されない。約束は守るし、守れない約束はしないこと。そういう技術者は信用されるし、困ったときに助けてくれるような良好な人間関係を作っていける。

・人をいわれなく差別しない人

差別と区別は違う。能力のある人も能力のない人も区別しなければ、能力のある人は腐ってしまう。正当な理由のある区別はあって然るべきだが、いわれのない差別は差別した当人の評判を落として、無用な敵を作るだけだ。

・**人から頼られる人、人の痛みがわかる人**

大事なときに怯《ひる》まない。そして自分の弱さを隠さない。そういう人でなければ人は頼れない。人の痛みがわかる人というのは、多くの場合、当人が痛い目に遭っている。その痛みをきちんと自分の中で吸収して行動するから、今度は人の痛みがわかるようになるのだ。たとえば部下の不正が発覚したときに頭から責め立てるだけではなく、その不正をやらざるを得なくなった状況を理解してその上できちんと叱ることができるのが頼れる上司だろう。

・**存在感があり、親分としての行動様式を知り、風格がある人**

技術者や開発者というのは往々にして一人で課題を抱え込み、一人で解決しようと悩むことがある。その点、課題を共有できる仲間がいる人は、さまざまな問題解決策が見つけられる。人から頼られる人、人の痛みがわかる人、そして親分の資質がある人には自然と仲間が集まってくる。親分の行動様式については、#22で詳しく説明する。

・**コミュニケーション能力の高い人**

コミュニケーション能力とはイコール言語能力ではない。他人とすぐに打ち解けられるとか、仲良くなれる、他人の気持ちがわかる、自分の意志や熱意が他者に伝えられるといった非言語能力のほうが、むしろコミュニケーションには重要だ。対人関係が不得手な技術者が多い中で、コミュニケーション能力の高い技術者は評価をされやすい。

・運の強い人

いくら才能や能力があっても運のない人はなかなか芽が出ない。運を味方にするのも成功の秘訣だ。

〈畑村〉

運良く成功したように見える人がいる。しかし、本当に運だけで成功するということは稀だ。成功した人は成功に向かって不断の努力を営々と続けているもの。そして準備ができていたところに、タイミングよくチャンスが訪れて、それをしっかりつかまえる。傍からは運がいいように見えるが、チャンスを逃さない備えができているから巡ってきた運をつかめる。田中耕一さんがノーベル化学賞に輝いたのは運ではなく、地道な努力の結果であり、必然なのだ。

たまたまうまくいくことはある。宝くじに当たって大金を得た人はやっぱり運のいい人だろう。しかし、たまたま運が回ってきてもそれを生かす能力がない人は、結局、運を手放してしまう。お金の使い方がわからない人は、宝くじに当たっても当選金分の幸せしかつかめない。今は手元に資金がなくても、お金が手に入ったらこれをやろうあれをやろうと考えを巡らし、努力し、準備している人だけが、事業を興すなどして、つかんだ幸運を大きな成功へとつなげることができる。

幸運をしっかりと受け止める準備ができている人にだけ幸運は訪れる。それが「幸運の女神に後ろ髪はない」ということなのである。

▼〝引き〟の必要性

会社組織で出世するために大事なのは、誰かの〝引き〟を受けることだ。「あいつを使おう」「彼にやらせてみよう」「あの人と一緒に仕事をしたい」――。そう思われることが出世の大きなきっかけになる。

引きを受けるためには、引いてくれる相手が自分に何を要求しているか、自分が何を要求されているのか、を認識しなければならない。設計の世界ではこれを〝機能〟という。相手の要求機能を的確に認識し、それに確実に応えられる人材は引き抜かれ、会社組織で成功するのだ。

ビジネスの現場で引きを受ける大事な瞬間というのは、自分より二〜三階級以上上の上司や他部門と接触したときに生まれる。

たとえば自分が平の現場担当者だったら課長、部長以上、課長だったら重役の専務や常務と接触したときに「こいつはできる」と思われると、出世のチャンスが訪れる。部下を引き上げる人事権を持っているのは、二〜三階級以上上の上司だからだ。

上司と部下という縦方向の上下関係に対して、横方向の水平関係に当たるのが他部門との接触だ。自分が技術職なら、他のセクション、営業とか販売とか商品企画とか財務の人間と話をしているときに、「我々にはない技術者独自の視点がある」「単に作り手の発想ではなく、ユーザーの視点で開発しているんだな」「ハードだけではなく、ソフトやコンテンツまで守備範囲が広い」「資金調達のことまで考えているのか」といった高い評価を受けると、一緒に仕事をしてみたい人材として他部門から一目置かれることになる。

結果として、たとえば、社命を左右するような組織横断的なプロジェクトチームを結成するときなどに、各部門から選抜されるメンバーの有力な候補に挙げられるわけだ。

〈畑村〉

人間関係には上司と部下、先輩と後輩、先生と生徒などの上下の軸と、同僚や同級生などの水平の軸がある。上下の軸も水平の軸も時間の経過とともに変化していって、人間関係の濃淡ができていく。

時間が経過しても不思議と人間関係が変わらないのが同窓会やクラス会だ。面白いことに、相変わらず昔のガキ大将が会を仕切っていたりする。会社で偉くなろうが、羽振りが良かろうが関係ない。昔の人間関係でクラス会は動くのである。

それはさておき、人間は自分が理解できる事柄を通してしか他人を判断できない。だから、相手に評価してもらおうとしたら、その相手の土俵に上がるしかない。相手の土俵で互角以上に戦って初めて評価や尊敬を得られる。そして相手の土俵に上がったつもりはなくても、相手は自分の土俵で人を不断に評価しているのだ。

だから評価を恐れて自分の殻に閉じこもっていても仕方がない。むしろ発言し、行動する技術者になるべきだ。相手の土俵にもどんどん上がっていく。

発言、行動していると脳が刺激されて、新しい発想も生まれやすい。

最近の脳科学の研究で、人が能動的に頭を使って何かの行動をしようとするときに、

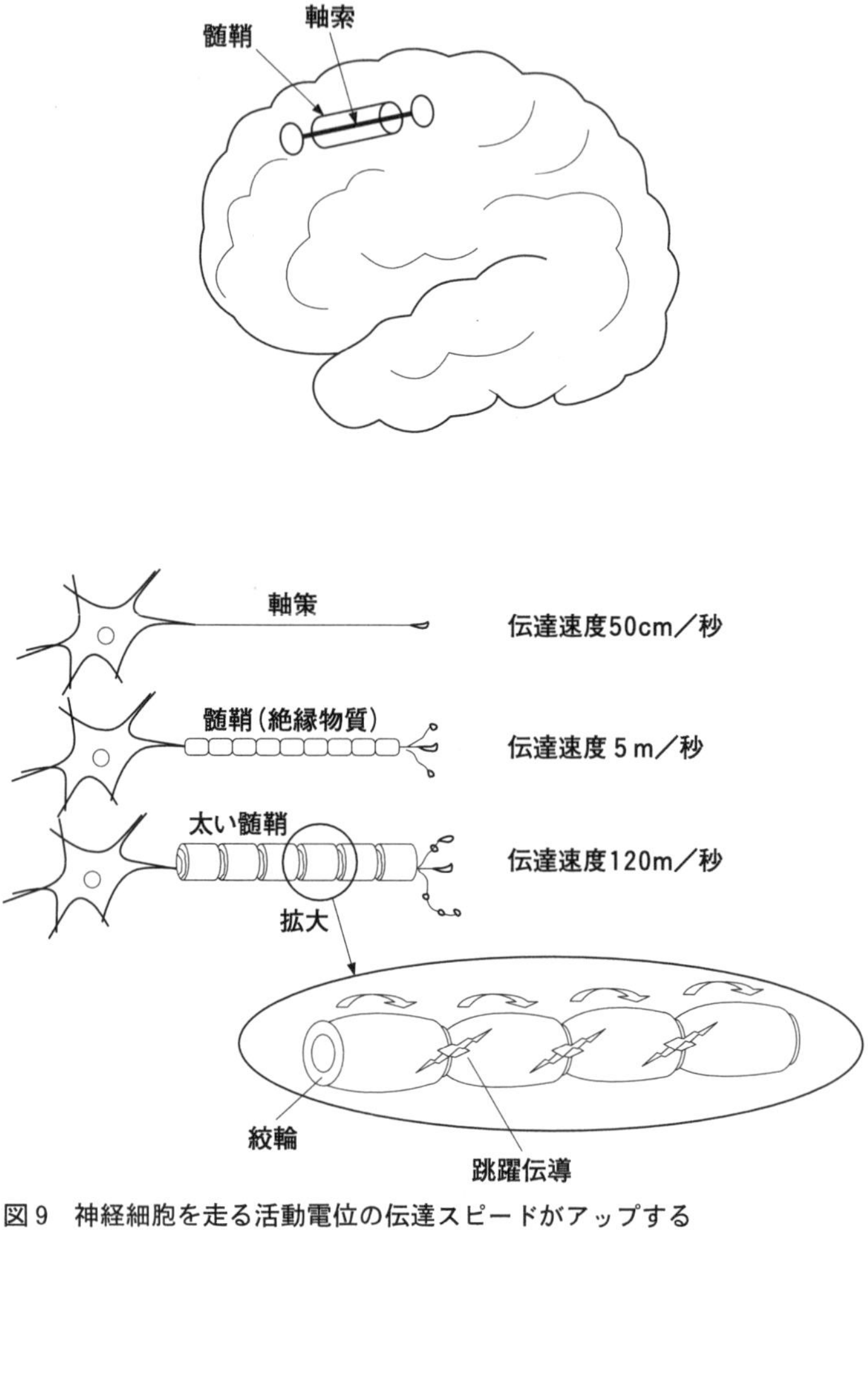

図９　神経細胞を走る活動電位の伝達スピードがアップする

脳内に〝思考回路〟ができあがることがわかってきた。

図9のように脳内の思考回路において、高速の信号が流れるところを「軸策」といい、その軸策を包んでいる絶縁体のようなものを「髄鞘」という。この思考回路はパッシブな思考、要するに受身でモノを考えているときにはできない。何かをアウトプットしようとして自分でモノを考えるときにだけ思考回路ができるのである。

この思考回路を何度も使っていると、軸策が太くなって二〇〇倍もの早さで信号が流れる、つまり超高速の思考が行われる。そして一度この思考回路ができると、考える対象物がなくなった後も脳の中に残っていて、別の思考の対象物を持ってきても超高速の思考が行われることが立証されている。

これまで日本の企業社会では、言われたことを忠実にこなすパッシブな人材が評価されてきた。命令を文句を言われずに実行する人ばかりが評価されてきた。しかし、これからは自分でモノを考え、行動する人が求められる。

よい意味で目立たなければ〝引き〟を受けるチャンスは少ない。何百人、何千人といる社員を全員覚えている経営トップはいない。彼らが覚えているのは目立った社員だけ。だから、発言し行動する。目指すべきはアウトプット型の技術者だ。

第三章 サラリーマンとして生きる

＃13　工学部出身会社員の人生時系列

二〇代の前半から六〇歳まで働くとすれば約三五年。サラリーマン人生は長い。

大学時代なら四年、修士は二年という区切られた時間があって、そこで取り組むべきテーマははっきりしている。自分がこなした課題に対する評価もテストの採点結果や単位という形で明快に出てくる。

しかし会社組織に属したら、学生時代のような区切りはない。しかも時代状況に応じて会社の目指す方向性はさまざまに変わってくるから、自分がやるべきことや何をもって評価されるかということが明確には示されない。何をすべきか、どうすれば評価されるのか、その時々で状況判断しながら、何を成し遂げるのかということを長い時間をかけて自分で見つけなければならないのだ。

そんなサラリーマン人生の道筋を俯瞰して考えてみよう。

22歳	卒業・入社
25歳	評価の開始
28歳	影の実力者（転職の誘い）
35歳	技術者としての最盛期。実質的な決定権者
40歳	課長年齢（ブレーキ役の技術者）
45歳	部長候補（技術者から退役）
49歳	経営者か窓際族か
56歳	役員コースと嘱託・無役職コース
60歳	一般社員の定年退職、毎日が日曜日

図10　一般的な工学部出身のサラリーマンの人生時系列

二二歳　卒業・入社

金の卵として入社。入社から三年程度は修業期間であり、その間に会社の概要、社風、社内規則、事務手続きなどを習得することになる。一般的に大企業では入社して三年間は評価をしないと表向き言われているが、実際には個々の資質、人格などの評価はある程度行われている。

二五歳　評価の開始

本格的な評価がスター

トするのはこの頃。係長から始まって課長補佐、課長代理などのステップを踏んで約一〇年で課長になるが、東大卒の社員の七～八割は、この出世レースの先頭集団に食い込む。逆に言えば、東大を出ても二～三割は出世レースからおちこぼれる。東大に入ることに精魂を使い果たして、社会人になったときには燃え尽き症候群で役に立たないというタイプも決して少なくない。

技術系の場合、二七～二八歳から研究開発現場の第一線で活躍する立場になる。この年代は自分の趣味や志向、能力を見極めて適性を見つけ出す時代で、どうしても今の仕事が肌に合わない場合には転職も考えなければならない。まだ職のリセットが可能な時代だ。

二八歳　影の実力者

技術者としての能力も肉体的な能力もピークに達する頃。役職にかかわらず周囲が実力を認めて、さまざまな意見を求められるようになる。また、そうなっていなければ能力不足だし、先行きの出世の望みは薄い。

この頃から将来のリーダーへの選抜が始まり、リーダーとしての修業期間に入る。三〇～三五歳ぐらいになれば会社組織での自分の立ち位置が明らかになって、すでにコース選定がなされる。

社内で高評価を得ているような社員は、当然、社外からの転職の誘惑も多い。転職を本気で考える年代だが、いくら条件が良くても自分の適性に合わない転職をしてはいけない。必ず後悔する。

二八〜四〇歳の社員というのは働き盛りでありながら、まだ高給取りではないので会社にとっては一番コストパフォーマンスが高い。年功序列制度が崩壊してきたといっても、この年代のコストパフォーマンスは依然高い。会社としては簡単に手放したくない人材なので、昇進や留学などの飴を与えて大事にする。

三五歳　技術者としての最盛期。実質的な決定権者

三〇代の半ばになると技術者として最盛期を迎える。さまざまな案件を実質的に決めるのはこの年代の社員。上司である四〇歳以上のマネージャーも、現場での決定はほとんど任せている。

社内でのコース選定はもう終了して、自分が特急コースに乗っているのか、急行、準急コースに乗っているのか、それとも鈍行なのか、評価が確定する。特急に乗っているならいいが、急行や準急なら転職も考えなければならない。この年代は転職の最終電車。

ここで判断を誤ると取り返しがつかない。逆にもし自分が鈍行に乗っているなら、今以上の条件での転職はほとんど見込めないので、そのまま会社にしがみついたほうがいい。

サラリーマン人生の後半に向けて、会社に残るか、転職するか、独立するか、一度自分の人生を見つめ直す時期だ。

四〇歳　課長年齢

現場の部隊長である課長になるのは早ければ三〇代前半から。どんなに遅くても四〇歳には課長になっている。開発現場の最前線で物を作り出したり、物事を判断する技術者としての役割を果たすのはあと数年。四二、四三歳で技術者としての〝定年〟を迎え、組織をマネジメントする管理者へ転換していく年代だ。

将来の経営者候補として見たときに、本命候補の予備軍になるのは同期の上位約五％。対抗馬がその下の二〇％で、この時点で同期の上位の四分の一に入っていないと将来、経営陣に加わる目はほとんどない。

四五歳　部長候補

技術者から管理者に転換を果たして部長や部長代理などの役職に就いている年代。ただし、三菱系など伝統ある大企業ではまだ課長年齢。

役員予備軍は経営能力があるかないかの最終的な確認試験として、子会社の経営陣として出向させられたり、技術者なら一つの工場を持った生産部隊の長などを任されることがある。出向先で結果を出せば、数年後には役員候補として本社に引き上げられる。

四九歳　経営者か窓際族か

出世レースも大詰め。経営陣に残る人材はハッキリと峻別されて、残りの多くは窓際族へと追いやられる。会社からすれば重要な経営判断をさせる人材は、たとえば同期一〇〇人のうち上位三〇人もいれば事足りる。現場の仕事は若手社員で十分に務まるので、出世コースから外れた中高年社員の役割はなくなってしまう。そのために部長年齢に達しているのに部長になれない社員は、責任ある仕事も部下も持たない〝部付部長〟として処遇されたり、関連会社に出向させられる。この場合の出向は、コストパフォーマンスの低い中高年社員の姥捨て山的な意味合いが強い。

養うべき家族がいて子供の教育費も一番かかる年代だから、ほとんどのサラリーマンは会社にとどまって仕事をし続けたいと考える。しかし、会社側は任せる特別な仕事もないのに給料ばかり高い中高年社員は不必要と考える。そのギャップが一番大きくなる年代であり、リストラの悲劇に見舞われる可能性も大きい。

五六歳　役員コースと嘱託・無役職コース

出世レースの本命、対抗、さらに本命や対抗が不測の事態でコースを外れた場合に繰り上がる予備的な社員だけが会社に残っている。一部、嘱託や無役職で残っている社員もいるが、出世コースに乗った同期との収入格差は大きい。

出世も給料が増える見込みもなくなると、滅私奉公で真面目に生きてきた反動からか、外注業者からリベートを受け取って仕事を卸したり、情報を漏らすような不良社員になってしまう人もいる。

六〇歳　一般社員の定年退職、毎日が日曜日

いよいよサラリーマン人生の終焉。役員で会社に残ったり、関連会社に天下りする人もいるが、同期のほぼ七割が定年でリタイアする。定年後に再雇用されたとしても、給料は定年前の三分の一〜四分の一に。

定年後の平均余命は約二〇年。二〇二〇年以降、年金などの社会保障制度が崩壊している可能性もあり、六〇歳以降をどう生きるかは大きな問題になる。

工学部出身者のサラリーマン人生は大体このように流れる。イメージできただろうか。信じるものは救われる。信じ過ぎると足を掬われる。＃5のタイムスケジュールと重ね合わせて自分オリジナルのビジネスビジョンを構築し、行動の指針にして欲しい。

何事も新しいことを始めるためには最低でも一〇年の準備期間が必要だ。転職するにせよ、独立するにせよ、定年後の第二の人生を始めるにせよ、十分な助走期間を設けてそのための準備をしなければいけない。行き当たりばったりで、そのときになって考えていたら間に合わない。転身するための条件をあらかじめ決めておいて、その条件が整ったら遅滞なく行動する。それが時代に流されやすい人生を自分でコントロールするコツだ。

〈畑村〉

サラリーマンとしてスタートラインに立った時、会社は誰もに等しく社長にまでなれるような幻想を与える（図11）。

ところが実際に組織のピラミッドの階段を上っていくうちに、図12のように大半の人たちはどこかでピラミッドの壁に突き当たって、それ以上上には行けないことに気づく。

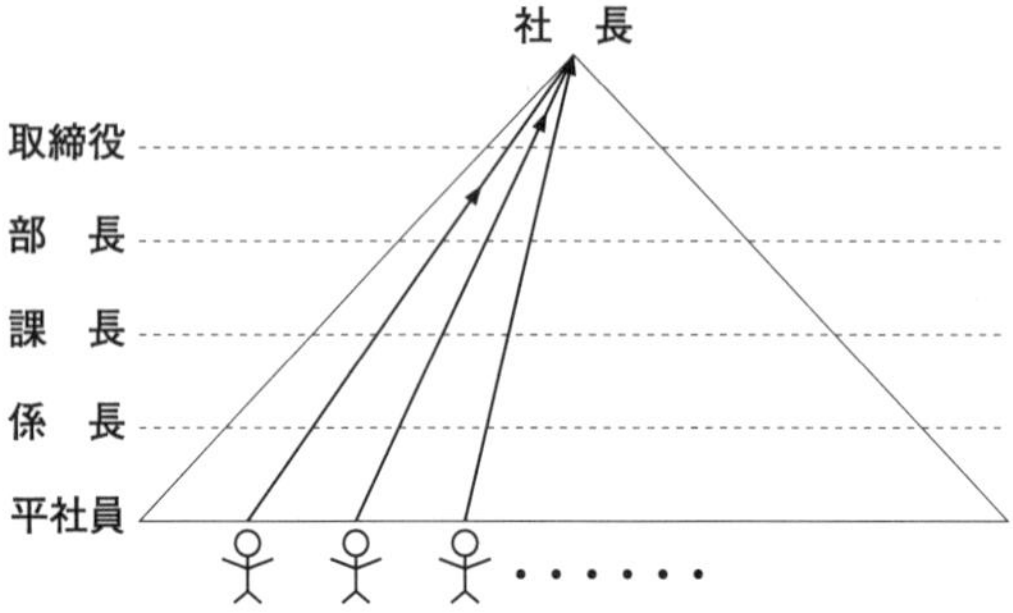

図 11　会社が与える幻想

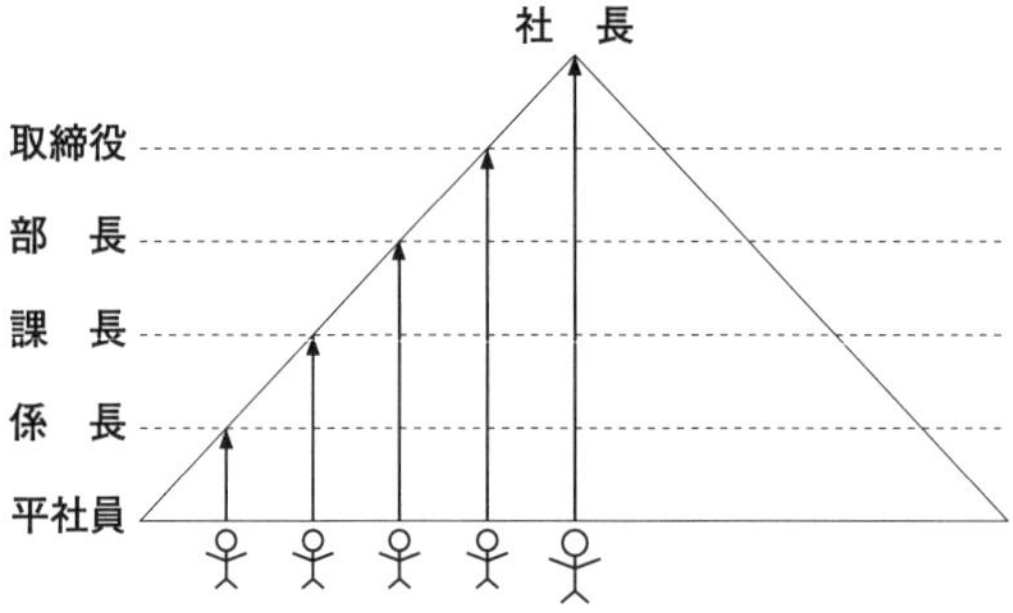

図 12　大半の人は壁に突き当たる

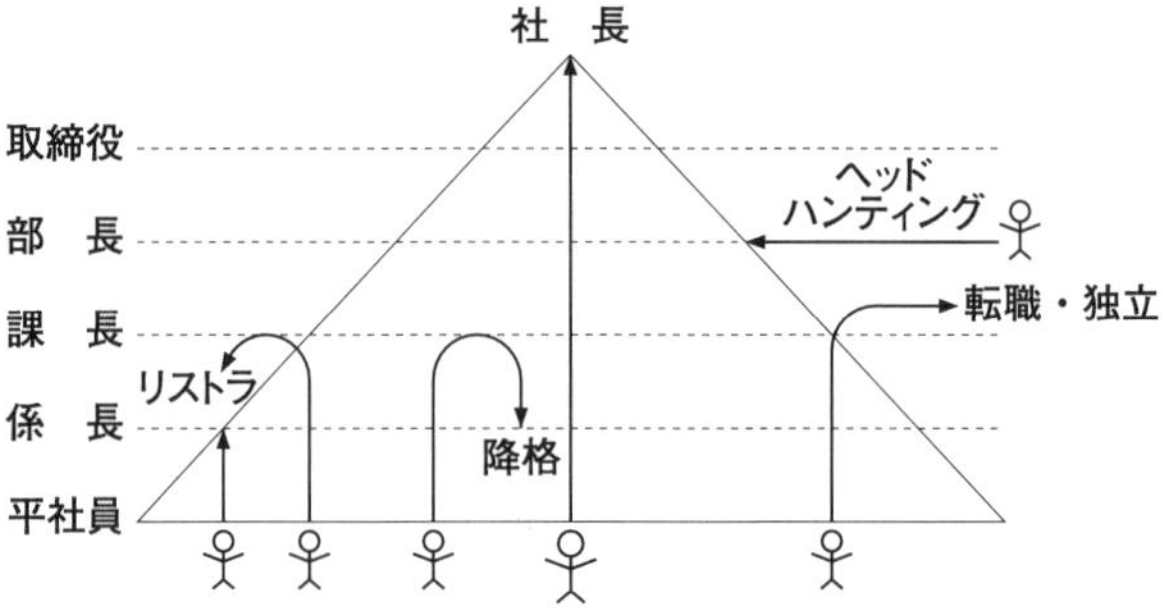

図 13　現在の会社の実情

ピラミッドの頂点、あるいは頂点付近まで辿りつけるのはほんの一握りの幹部候補であり、その選別はかなり早い時点から行われている。少なくとも入社して三年もすれば、自分が社長になれるかどうかぐらいはわかるものだ。

終身雇用制と年功序列の崩壊によって、ピラミッドの頂点に向かって社員に一生懸命仕事をさせるような従来の会社の力学は薄れ、現在は図13のようになってきた。階段を転げ落ちる人（降格）もいれば、ピラミッドから切られる人（リストラ）、ピラミッドを自分から飛び出す人（転職・独立）、さらには外部から幹部候補に招かれる人（ヘッドハンティング）もいる。

＃14　年齢と年収

図14は終身雇用と年功序列が機能していた時代のサラリーマンの年収モデルだ。生涯賃金四億円、退職金三千万円程度のホワイトカラー、比較的恵まれた立場のサラリーマンを想定している。

基本的に右肩上がりで年収が上昇、年齢が進むほど上昇カーブは大きくなり、課長に昇進する三五歳前後、部長に昇格する四二歳前後で大幅に年収がアップしている。役職定年で参事や参与になる五五、五六歳で年収がガクンと下がる。

従来はこうした年収モデルが一般的だったが、賃金体系に実力主義や成果主義が導入されるようになって、それが大きく様変わりしつつある。

図15は実力に応じた給与が支払われる場合の年収モデル。能力的にピークに達する三〇〜四〇代で年収が最高額に達して、能力が峠を越えた四〇代以降は急速に下降する。もっとも四〇代以降になると今度は管理職として組織のマネジメント能力やマネジメン

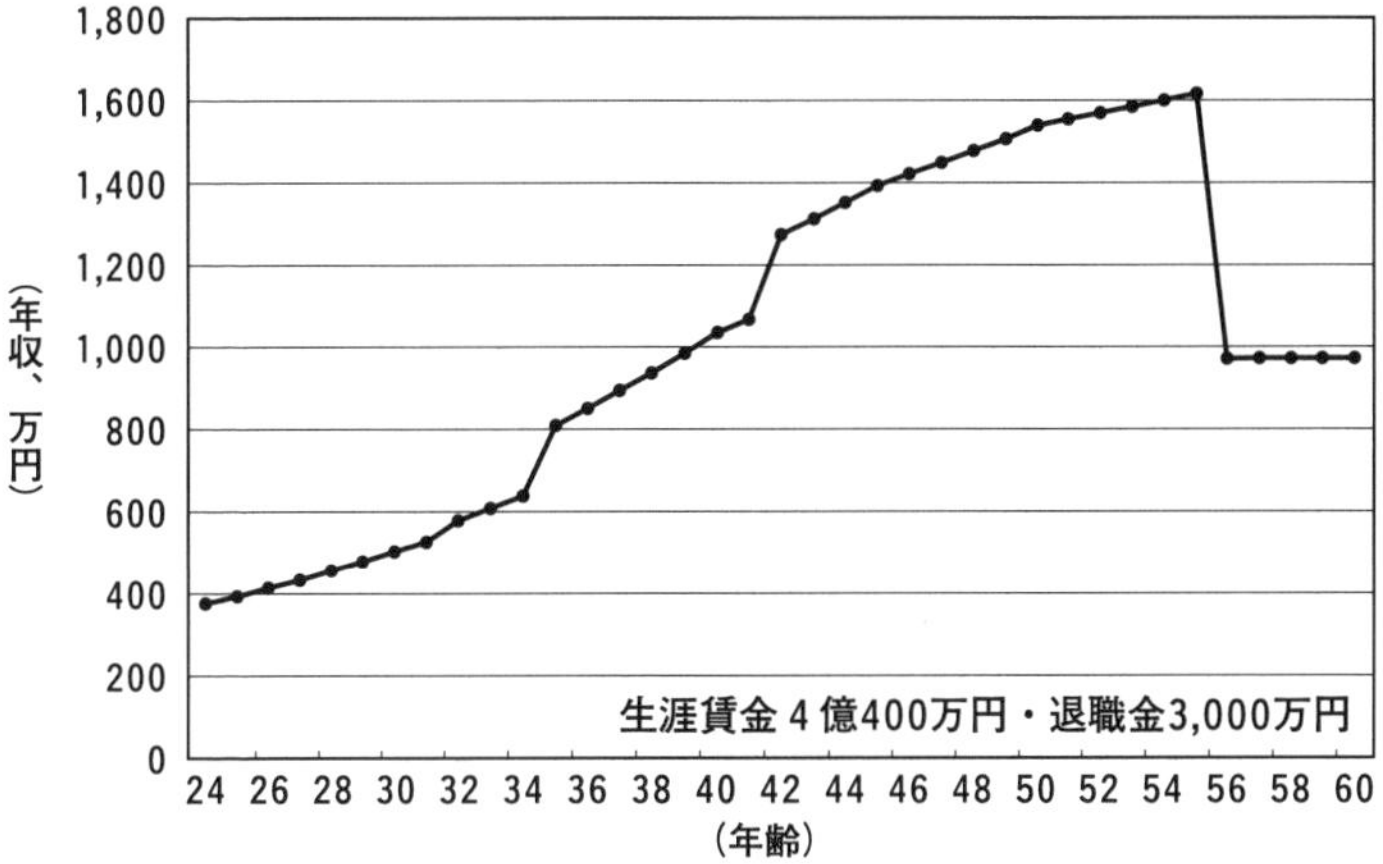

図14　年収の例（従来の給与体系：メーカー大企業）

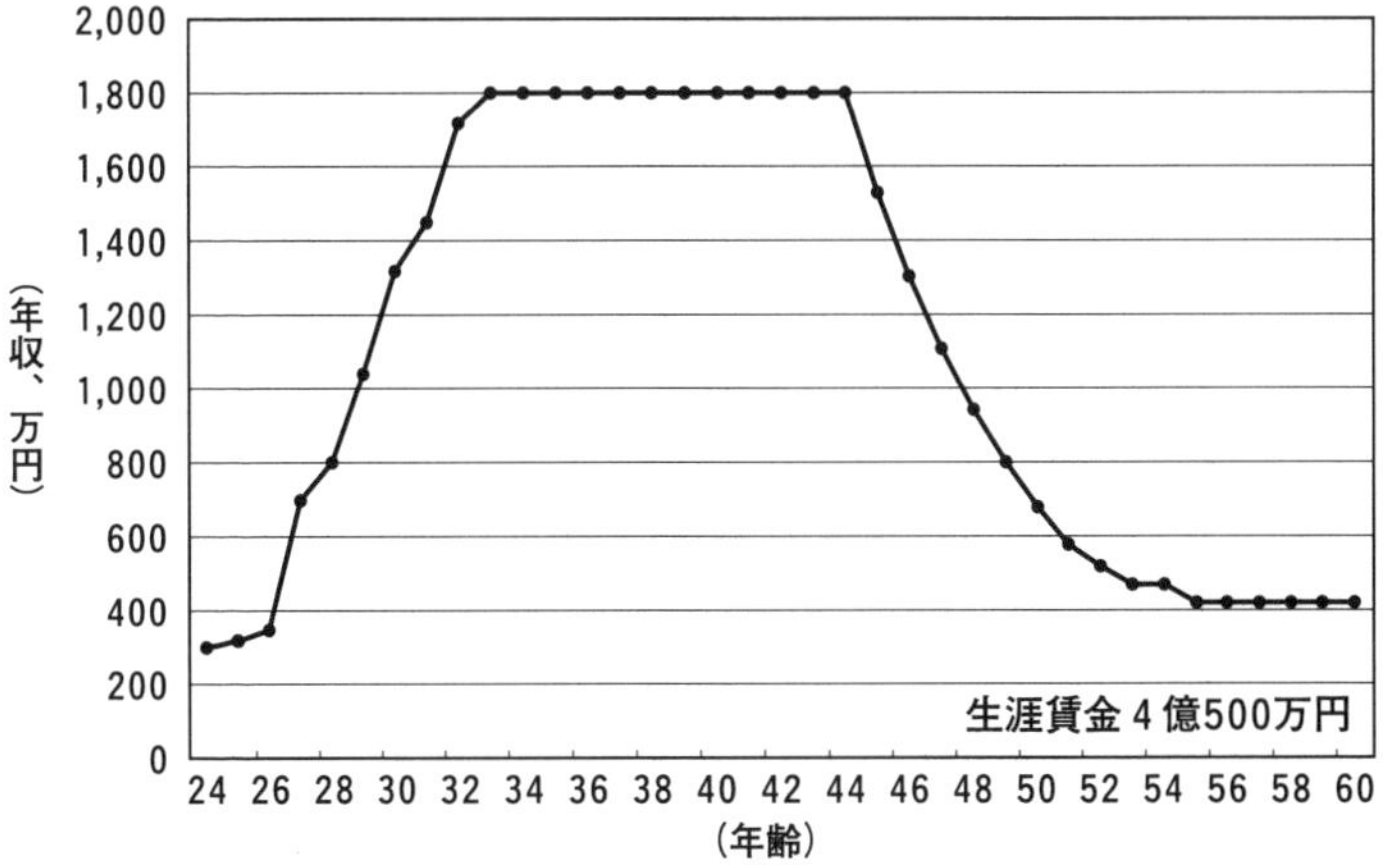

図15　年収の例（本来の実力に応じた給与例）

トを任されたチームの成果に評価の比重が置かれるので、現実の年収モデルはここまで極端な波形にはならない。

しかし経済成長が頭打ちになって、もう業績が右肩上がりに伸びる時代ではない以上、人件費負担を膨らませるような右肩上がりの賃金体系を企業はもはや維持できない。ゆえにバブル崩壊後の長期不況に突入した九〇年代半ばから日本企業は人事制度改革に乗り出して、賃金体系の見直しを進めてきた。

そして給与総額を抑え、なおかつ仕事のインセンティブを高めるための手段として、年功制に代わって導入されてきたのが実力主義や成果主義なのだ。

実力がある社員や成果を上げた社員の賃金は年齢にかかわらず上げて、逆に実力を発揮できなかったり成果の上がらなかった社員の賃金は下げる。会社の売上げや利益に対する全体の給与総額のパーセンテージは一定。だから業績が伸びれば給与総額も増えるが、業績が下がれば減る。

このように実力主義や成果主義の名の下で給与総額は抑制されるので、もう従来の年収モデルは描けない。年齢とともに自動的に年収が増えることを前提に人生設計できる時代ではないのだ。

定年後の人生を支える退職金に関しても状況が変わってきている。

これまで企業が高額な退職金を支払ってこられたのは、業績が右肩上がりで伸びてきたからだ。しかも、会社の年齢構成比がきちんとしたピラミッド型になっていたから、年金と同じ構造で、定年社員の退職金を給料の安い現役世代が支える仕組みが成り立っていた。

しかし、成長が止まって会社の業績が思うように伸びなくなり、新卒の大量採用を絞るようになったために、社員が高齢化して会社の年齢構成比がビヤ樽型になってきた。二〇〇七年には団塊世代のリタイアが始まって、これまでより退職者が三割増になると、現在の企業の体力ではとても退職金負担に耐えられない。

そこで出てきたのが退職金の積み立てを年金化したり、あるいは通常の給与に組み込む動きだ。つまり、現役時代に積み立てたお金を退職金として一括で支払うのではなく、年金として小分けにして支払う。あるいは月々の給与に退職金分を上乗せして支払うのである。

そもそも退職金というのは終身雇用制という幻想の上に成り立っていた、いわば功労金的なシステムであり、労働力の流動化が進んでいけば勤続年数の意味合いはなくなってくる。

いずれ、会社を替わっても継続的に勤続年数が認められて退職金が受けられるような仕組みが出てくるかもしれないが、現状では退職金を当てにした老後は送れなくなるという認識を持っていたほうがいい。

＃15　所得と税金

▼税額の算出

仕事をして収入を得れば、当然税金の支払い義務が生じる。しかし所得税が月々の給料から源泉徴収されるし、収入二千万円以下の給与所得者は確定申告の必要がないから、税金に関心の薄いサラリーマンが実に多い。自分がどれくらいの税金を払っているのかさえもわかっていない。

すでに政府の財政赤字は抜き差しならない状況にあり、今後、国民の税負担が増していくのは必至。なかでも給料から天引きされるサラリーマンは増税の格好のターゲットだ。サラリーマンもこれからは納税者意識を高めなければ、賢く生きてはいけない。一番の基本になる所得と税金の関係ぐらいは知っておきたい。

まず所得税とは何かということを確認しておこう。所得税とは、もちろん所得にかかる税金のことだ。

では所得とは何かといえば、自分で稼いだ金から、それを稼ぐために必要だった元手の金（経費）を引いた利益のこと。つまり儲けだ。所得税というのは儲けに対して税金をかける仕組みになっている。

たとえば一千万円稼ぐのに五百万円の元手がかかっていれば、一千万円から経費の五百万円を引いた五百万円に所得税がかかってくる。

ただし、これは自分で商売をしている個人事業者の場合で、サラリーマンの場合は基本的には稼ぎに対して一〇〇％の所得税がかかる。サラリーマンの収入は自分の労働の対価として手にするものであって、基本的にそれを稼ぐための元手はかかっていないという考え方で課税されているのだ。

個人事業者は経費で所得を簡単に操作できてしまうが、サラリーマンはそうはいかない。だからサラリーマンの給料はガラス張りだと言われるのである。しかし、サラリーマンだって仕事で使う背広や靴は実費で買う。そういう経費が認められないのはあまりに不公平だということで、収入の一割程度を経費相当分として課税を免除する「給与所得控除」という措置が設けられている。

さらに、給与所得控除の額よりも大きな必要経費がかかった場合に備えて、「実額控除」という制度もある。しかし、実額控除は経費として認められる項目が非常に狭いために、給与所得控除の額より大きくなることはまずない。そのため実額控除を活用しているサラリーマンはほとんどいない。

さて、所得に対して税金がどのようにかかってくるのか、実際の所得税の仕組みについて説明しよう。

次ページの図表は所得税の計算方法の流れを示している。

「所得金額」とは、実収入のこと。所得税法では「所得金額」を利子所得、配当所得、不動産所得、事業所得、給与所得、退職所得、山林所得、譲渡所得、一時所得、雑所得の十種類に分類している。

サラリーマンの給与や退職金は「給与所得」に分類される。また、アパートやマンションなどの投資物件を持っていて賃貸料などの収入があれば「不動産所得」、本や雑誌の仕事をして印税や原稿料が入ったり、どこかで講演をしてギャラをもらえば「雑所得」、住宅や投資物件などを売って得た収入があれば「譲渡所得」ということになる。

前述のように個人事業者は「所得金額」から必要な経費を差し引けるが、会社勤めのサラリーマンの場合はそうはいかない。そこで給与所得については「給与所得控除」という免税措置があって、収入の一部が所得税の対象から控除される。収入ランクによっ

所得金額

給与所得（サラリーマンの主な所得、控除がある）
不動産所得　雑所得
※ほとんどのサラリーマンに関係するのはほぼこの３つ
利子所得　配当所得　事業所得
譲渡所得　一時所得
退職所得　山林所得

所得控除額

雑損控除
医療費控除（10万円以上の医療費に最大200万円の控除）
●**社会保険料控除**（健康保険、厚生年金保険等）
小規模企業共済等掛金控除
●**生命保険料控除**（生命保険契約最大５万円＋個人年金保険契約最大５万円）
●**損害保険料控除**（最大１万5,000円）
寄付金控除
障害者控除
老年者控除（満65歳以上、50万円：まもなく廃止予定）
寡婦（寡夫）控除
勤労学生控除
●**配偶者控除**（38万円）
配偶者特別控除（38万円：まもなく廃止予定）
●**扶養控除**（38万円）
●**基礎控除**（38万円）
※サラリーマンに関係することが多いものに●印をつけた

課税所得金額
↓
税　額
↓
税額控除
↓
特別減税額
↓
源泉徴収税額
↓
支払うべき税額

図16　所得税計算の流れ

給与所得×割合−控除額＝給与所得金額

収　入	割　合	控除額
0〜	0%	650,000
1,625,000〜	60%	0
1,800,000〜	70%	180,000
3,600,000〜	80%	540,000
6,600,000〜	90%	1,200,000
10,000,000〜	95%	1,700,000

平成15年度

図17　給与所得金額計算

課税所得金額×税率−控除額＝所得税額

所得金額	税　率	控除額
0〜	10%	0
3,300,000〜	20%	330,000
9,000,000〜	30%	1,230,000
18,000,000〜	37%	2,490,000

平成15年度

図18　所得税額計算

課税所得金額×税率−控除額＝所得税・住民税額

所得金額	税　率	控除額
0〜	15%	0
2,000,000〜	20%	100,000
3,300,000〜	30%	430,000
7,000,000〜	33%	640,000
9,000,000〜	43%	1,540,000
18,000,000〜	50%	2,800,000

平成15年度

図19　所得税・住民税合算税率表

て違いがある控除額は**図17**の通り（平成十五年度）。

たとえば年収八百万円のサラリーマンの場合、八百万円の九〇％に相当する七百二十万円から、さらに控除額の百二十万円を差し引いた六百万円が所得金額になる。

次に所得金額から「所得控除額」をカットする。

所得控除額には**図16**のような項目がある。たとえば「雑損控除」は火事に遭ったり、盗難に遭ったときの損失分を税金的にまけてあげようという措置項目。怪我や病気で医療費の自己負担が十万円以上かかった場合、最大で二百万円まで税金をまけてあげようというのが「医療費控除」だ。その他、各種保険料や寄付金なども控除対象になるし、シングルマザー（寡婦）のための控除項目もある。

そうした所得控除額を所得金額から差し引いて出てくるのが「課税所得金額」、つまり税金がかけられる所得金額だ。この課税所得金額に税率を掛けて、そこから税額控除を引いた額が「所得税額」になる。

さらにこの所得税額から一般の税額控除と「定率減税額」（平成十五年度）とすでに天引きされている「源泉徴収税額」を引くと、最終的に「支払うべき税額」が出てくる。

▼所得の上昇と税金

日本の所得税は超過累進課税方式を採用していて、所得が多くなるほど支払う税金は高い。**図18**のように課税所得金額が三百三十万円未満は一〇％、三百三十万円から九百万円未満は二〇％、九百万円から一千八百万円未満は三〇％、一千八百万円以上の税率は三七％になる（平成十五年度）。

超過累進課税というのは、一定の額を超えた収入部分はその税率で積算していくという意味だ。たとえば年収一千万円なら、三百三十万円未満の収入部分は税率一〇％、三百三十万円から九百万円未満の収入部分は二〇％、九百万円から一千万円未満の部分は三〇％の税率がかかる。

超過累進課税の簡単な計算式はこうなる。

（課税所得金額）×税率－控除額＝所得税額

また収入にかかってくる税金は所得税のほかに住民税もある。住民税の税率は課税所得金額が二百万円以下なら五％、七百万円以下なら一〇％、七百万円を超えると一三％。

所得税と住民税を合算した表が**図19**。年収一千八百万円を超えた場合、それ以上働いても収入の五〇％、実に半分は税金で持っていかれるわけだ。

収入は多ければ多いに越したことはない。しかし収入が多ければそれだけ税金は高くなるし、健康保険や年金も収入に応じて高くなる。収入に比例して社会的ステータスも高くなるので、社会的体面を保つための生活コストも増える。学生だったら友人の結婚式に一万円も包めば十分だと思うが、社会人として肩書きが大きくなればそうもいかない。

年齢とともに所得が増えても子供の養育費や住宅ローンなどの負担が増す。かえって独身時代のほうが可処分所得は多かったりする。

経験的に言えば、年収一千万円ぐらいまでは収入が増えた分の豊かさを享受できるし、ちょっとした贅沢もできる気がするけれど、一千万円を超えると一千五百万円稼ごうが二千万円稼ごうが、生活実感として暮らし振りはそんなに変わらない。億単位で稼ぐようにでもなれば、また話は別かもしれないが。

今のところ、日本の税金は世界的に見れば決して高くない。だが、年金や保険料、高速道路代など、実質的には税金と見なされるようなものを含めると負担率は高くなっている。しかも、今後は財政悪化によって税金そのものも高くなると覚悟したほうがいいだろう。

〈畑村〉

東大教授時代、所得税の問題で税務署と少々やりあったことがある。

当時、大学から研究費をもらっていたし、個人としては国家公務員の給料をもらっていた。自分がやりたい研究を続けていくためには外部の企業との協力関係が必須である。そのためには研究成果を特許にしておかなければならない。そこで自分の研究成果を特許申請した。

当時、東大では研究者の特許取得を一切サポートしないという規則があって、私は自腹で一件八十万円もする特許申請代を負担していた。教授の安月給ではこれは辛い。

仕事の成果を特許にするための費用を自分で負担しているのだから、これは当然、必要経費だろうと思っていたら、確定申告の際に税務署からキッパリと言われた。

「給与所得から特許を取るための経費は引けない。あなたが特許を使って事業でもおやりになって、儲けが出たときには必要経費として引いてください」

「ちょっと待ってください。国家公務員は事業をやっちゃいけないことになっているんですけどね」

「それはこちらの与り知らない話です」

「それなら講演料や印税から引かせてよ」

「講演料や印税は雑所得になりますから、雑所得は雑所得として税金を払っていただきます。特許料が入ってもいないのに、特許申請代を必要経費として認めるわけにはいきません。そういう計算の仕方はできないんです」

世間では特許を取れば儲かるというイメージがあるかもしれないが、そんな目に遇ったことは一度もない。そして税務署的にいえば、経費として差し引けるのは特許が売れてからの話なのだそうである。

税務署は頑として譲らず、結局、特許申請代は必要経費として認めてもらえなかった。彼らの言い分は理屈としてまったく正しいのだが、何とも割り切れない気がした。

東大（国）は特許申請をサポートしてくれず、自腹で負担した特許申請代を国は必要経費として認めてくれないというのでは、特許を取る気持ちも失せる。それでいて、東大の研究者は特許が少ないと世間からイジメられるのだから堪らない。

一つ一つは制度として正しくても、全体としては実態にそぐわないということがある。所得税の杓子定規な規定はその典型のように感じた。

＃16　時代を生きる

人は生きている時代の影響を大きく受ける。戦争を経験した世代と戦後世代とではものの見方や考え方が変わってくる。戦後民主主義教育を受けていても、安保闘争を経験した団塊世代と経験していない安保以降の世代とは、やはりパーソナリティーやメンタリティーに違いがある。バブル経済を経験した世代とバブル後のデフレの時代しか知らない世代では、これまた価値観に大きな違いがあるだろう。

歴史を学んで過去の知識として知っていても、時代の熱気や社会状況というのは、そこに身を置かなければ決してわからない。同じビートルズファンでも、日本武道館で生演奏を聴いた世代とCDでしか聴いたことがない世代では違うのだ。

＃5で自分の生き方と働き方に対するイメージを磨くために人生年表を作ってみようと話したが、そこにこれから起き得そうな事柄や社会状況を併記して未来年表にしてみるといい。自分がその時代にいかなる影響を受けるのか、どんな行動をしがちなのか、どう行動すべきなのか、今から何をしておいたほうがいいのか、といったことが見えてくる。それがまだ明確なビジョンではないとしても、時代の影響を意識することで、今後の自分の生き方や働き方に関するさまざまなヒントがきっと見出せるはずだ。

これからどんな時代がやってくるのか、今から想定できることはいくつかある。

たとえば人口統計からどのような未来が見えるか。日本のように平和で安定した国では大きな戦争や疾病などに見舞われる心配が少ないので、人口統計予測というのはほとんど狂わない。一・二九という現在の出生率からすれば、日本の未来人口は確実に減っていく。

人口が増えれば消費は増大し、マーケットは拡大する。すなわち経済規模の拡大を意味する。もちろん人口増によって労働力も増える。かつて経済学者のウイリアム・ベティは「人口は国力なり」と言った。大英帝国が衰退した原因の一つは人口の減少であり、アメリカが経済大国を維持していられるのは移民政策をとっているからだ。

その意味でいくら目先の景気が回復しても、人口が減っていく日本の国力の長期低落傾向は変わらないだろう。

そんな日本と対照的に世界やアジアで存在感を高めるのが、一二億人もの人口を擁する中国だ。中国の影響力を日本は無視できなくなる。しかし一二億人の生活レベルが現在の三倍、四倍になれば、資源や食糧の消費量は爆発的に増える。世界の人口爆発の懸念とともに、中国の経済発展が深刻な資源問題や食糧問題を引き起こす恐れがある。

一方で経済のボーダーレス化は進展して国際競争は激化する。人口が減って国力が落ちていく日本はシビアな競争に耐え切れるだろうか。競争に敗れれば不況が蔓延し、失業問題が顕在化する。現在の日本の失業率は四〜五％だが、失業率統計にはフリーターが含まれていない。フリーター世代を含めた潜在失業率は一〇％を超える。ヨーロッパの若年失業率は二〇％に達するといわれるが、いずれ日本もそのレベルに近づくかもしれない。そして失業率の増大は日本の治安悪化を招く――。

人口統計からでもこれぐらいの未来は想定できる。

＃1でも指摘したように、人口問題研究所の人口統計によれば二〇二五年には六五歳以上の老年人口は三四七〇万人に達して、生産年齢人口（一五〜六四歳）のほぼ半分になる。つまり現役世代二人で一人の老人を養わなければならず、現状の年金制度が機能しているとはとても考えにくい。

人口統計を見れば、自分が定年退職したときに労働人口がどれくらいいるか、言い換えれば、年金を受け取るときにそれを支払う世代がどれだけいるか、すぐにわかる。君たちの世代は年金などの社会保障制度に過度に依存してはいけない。己こそ己の寄る辺。君六〇歳以降の平均余命は約二〇年。老後の人生は思っている以上に長い。社会保障に頼らずに生きる術を現役のうちからしっかり考えておかなければならない。

もっと言えば、財政破綻によって年金、医療、介護などの社会保障制度が崩壊し、税金ばかりが高くなる日本で生きる意味をよくよく考える時代がやってくるかもしれない。

〈畑村〉

#1でも触れられていたが、日本の年金制度は現役世代の稼ぎで六五歳以上の老齢者を養うという発想でできている。「人生六〇年」と言われていた時代の人生観を引きずった古い制度なのである。

人口統計を見れば、六五歳以上の老齢者を現役世代が養えるはずがないことは一目瞭然だ。養えもしないのに、養えるという前提でモノを考えるのがおかしい。

今後は六五歳以上になっても自力で生きることを考えるべきで、実際に、六五歳以上でもまだ働きたいと思っている人たちはたくさんいる。働きたい老齢者が大勢いるのに、働かさないような社会運営をしていることが大きな問題なのだ。そこに目を向けないで、年金が払えないと騒ぐのは噴飯ものだ。

一番手っ取り早い年金問題の解決策は、老齢者に働いてもらうことである。元気で働く気持ちのある老齢者には七〇歳まで働いてもらう。実力主義を徹底してアウトプットに応じた給料を支払えばいい。給料を固定して考えるからコスト負担が重くのしかかる。

アウトプットに応じた給料にすれば、恐らく、給料は現役時代の四分の一～五分の一程度になるだろう。それでも二百万円前後の年収にはなる。それなら、崩壊しかけた年金の受給額を現在の半分（年間百二十万～百五十万円）にしても、年間三百万円以上の収入が確保できる。これが最も現実的な年金の崩壊対策なのに、なぜ真剣に考えないのか。

社会から自分が必要とされていると実感している限り、人はなかなか老けない。顔がツヤツヤした長老政治家を見ればそれがよくわかる。社会的な役割を担っていると思うときに、人は生きがいを感じるのである。

年寄りだからリタイアしろなどとぬるいことは言わず、皆で誉めそやして、老齢者に働いてもらう。働きたいと思う人が働けるような場所を与える。そして老齢者が働くことに尊敬が払われるような社会に変えていく。それが一番大切だと思っている。

#17　実力主義の台頭

何度も触れてきたように、日本の企業社会では従来の年功序列的な人事システムに代わって実力主義や成果主義の導入が進んでいる。

実力主義と成果主義、さらに能力主義は同義的に使われることも多いが、厳密に言えばそれぞれの意味は異なる。

能力主義は業務に必要な能力やマネジメント能力などを基準に、給与待遇や昇進を決める人事制度のことだ。具体的には資格や管理職経験の有無などで能力が評価される。

しかし、能力があってもここぞというときに発揮できなければ実力があるとはいえない。いくらTOEFLやTOIECの高スコアを持っていても、ビジネスの現場で英語のやり取りをして商談をこなさなければ実力は認められない。実力主義とは、こうした仕事の現場で発揮する能力＝実力によって評価される人事制度のことだ。

そして成果主義は、文字通り、仕事の成果を数字によって査定する人事制度のこと。

極論すれば、能力があろうがなかろうが、実力があろうがなかろうが、アウトプットで結果を残したものが評価される。成果を実力と評価するなら、成果主義＝実力主義ともいえる。

実力主義や成果主義の導入が始まったのは、バブル経済が崩壊して日本のビジネス社会が構造的な不況に陥った一九九〇年代半ば。

能力を正しく評価して、昇格や給与に反映させることで社員のやる気を引き出し、成長が頭打ちになった会社組織を活性化させるというのが表向きの導入目的だ。しかし、実力主義や成果主義を導入した多くの企業の本音は人件費を抑制することだった。

右肩上がりの業績が望めない以上、従来の年功序列的な賃金カーブは維持できず、給与総額全体を抑制しなければならない。しかし、給料が上がらなければ仕事に対するモチベーションもモラルも下がる。そこで会社の売上げや利益に対して人件費コストを一定に保ち、給与総額という限られたパイの中で、実力主義の名の下にできる社員とできない社員の賃金格差をつける。

つまり実力主義や成果主義といっても、頑張れば頑張った分だけ給料が上がるわけではない。誰かの給料が増えれば誰かの給料が減る。ゼロサムゲームがほとんどというのが日本の実力主義の実情なのだ。

日本の企業社会に実力主義が導入された経緯を見ていると、「朝三暮四」のレトリックを思い出す。中国の春秋時代。宋の狙公が手飼いの猿に餌のトチの実を与えるのに、朝に三つ暮れに四つとしたところ、猿は少ないと怒った。そこで朝に四つ暮れに三つとしたら猿は大いに喜んだという故事だ。人も案外この手に引っ掛かる。全体の給与総額が増えているわけではないのに、実力主義でこれからは能力次第で給料が増えるぞと会社から言われて社員は喜んだり、発奮したりするわけだ。

実際、実力主義や成果主義を導入した当初三年間ぐらいは急激な変化は少ない。給料は多少上がるか、ほとんど変わらない。そうやって新しい人事制度への抵抗感をなくしておいて、四年目ぐらいから給料が下がり始める。「あれ？　何かおかしいな」と思ったときにはもう遅い。「昨年まではきちんと君の実力を査定して給料を上げてきたんだ。今年はきちんと査定した結果、評価が低いんだから下げざるを得ない」と上司から言われれば、黙って引き下がるしかない。

給与総額の抑制に主眼が置かれた実力主義や成果主義の多くはこのような形で導入されてきた。

日本経済がすでに成熟期を迎えた以上、成長を前提とした従来の年功序列的な賃金システムは成り立たない。勤続年数に応じて給料を自動的に上げていったら会社がもたないのだ。

年功序列の人事制度というのは、同じ日本人の社員が終身雇用的に長く働く場合に通用するシステムだった。今後ビジネスはさらに国際化していく。賃金は仕事や役割に準じて決まるのが世界の原則であり、同じ仕事をしていても会社に長くいる社員のほうが給料が高いという日本的な年功序列制度は崩れざるを得ないだろう。

上司よりも部下のほうが仕事上必要なパソコン技能も語学力も上という時代に、年功序列的な人事制度は意味をなさない。

そこに実力に応じて給与原資を配分する実力主義が台頭してきたのは、ある意味で自然な流れともいえる。

ただし実力主義が本当に機能するためには実力が正しく評価されなければならないが、それが非常に難しい。そもそも実力をいかなる査定基準で評価するのかが不明確だ。評価するのは資質なのか、あるいは実績なのか。

病気になったり怪我をして、実力が発揮できない場合もあるだろう。実力を短期で見るか長期で見るかによっても違う。継続的に頑張って結果を出す人もいれば、短期間に集中して頑張れる人もいる。

成果主義で数字を査定するといっても、営業職のようにすぐに数字に表れるセクションもあれば、研究開発職のように数字で評価しにくいセクションもある。同じ営業職でも担当したクライアントの運、不運だってある。数字を実力と見なしていいのかどうかは難しい問題だ。

通常は上司が部下の能力や実力を査定するが、人間がやることだから好き嫌いや偏りがどうしても生じる。より公平公正な評価をするために、本人の自己査定に上司、同僚、部下、顧客などの評価を加えた多面評価を取り入れている会社も一部にはある。しかし、ほとんどの会社はそこまでの時間と手間をかけられないのが実情だ。

一方で厳密に実力主義を適用すると、給与格差が広がり過ぎるという問題もある。会社業績を詳しく分析してみると、利益のほぼ八割は二割の優秀な社員が稼ぎ出しているという場合が実は多い。逆に言えば八割の社員で利益の二割しか稼いでいない。これを「二―八（ニッパチ）の法則」といって、多くの組織に当てはまる。経験的に言えば、たとえば一つの営業部隊に一〇人の営業マンがいたとしても、稼ぎ頭の二人の営業マンでその営業部隊に課せられたノルマの八割はクリアしてしまう。

「二―八の法則」にそのまま実力主義を適用すれば、優秀な二割の社員で給与原資の八割を占めて、残り二割の給与原資を八割の社員で分け合うことになる。これでは給与格差がつきすぎて、組織体としてのまとまりが保てない。

実力主義の歴史が短い日本では、まだ個人の実力や能力をきちんと評価するシステムが確立されていない。今、各企業は試行錯誤を重ねながらそれを模索している。なかには評価システムの難しさから、せっかく取り入れた実力主義を撤回して元の年功序列的な人事制度に戻す会社も出てきている。

とはいえ実力主義や成果主義を人事制度に取り入れていく傾向は基本的には今後も変わらない。会社にとって必要な人材を確保するために、あるいは不必要な人材を切り捨てるために、実力主義は日本の企業社会に根付いていくだろう。


〈畑村〉

外部からの評価と自己評価には大きな隔たりがある。

自分で自分に値段をつけてみよう。自分がつけた値段の大体四割引きぐらいでしか評価されないのが社会の現実だ。

自分では一千五百万円の年収が稼げる人材だと思っていても、会社での評価は九百万円がギリギリ。それが市場価値というものだ。

「会社が評価してくれない」「自分を出世させない会社はバカだ」と愚痴るサラリーマ

ンがよくいるが、ほとんどの場合、それは会社が評価してくれないのではなく、自己評価が甘いだけである。人は自分には甘い。

＃18　企業理念の変質と崩壊

バブル崩壊後の一〇年間は「失われた一〇年」といわれる。日本はこの一〇年の間に株で六百兆円、土地で八百兆円、個人の金融資産総額に匹敵する合計一千四百兆円もの資産を失った。失ったのはお金だけではない。

一〇年を超える長期不況が人心を荒《すさ》ませて、日本人としての美徳や誇り、自信、人を思いやる気持ち、治安がいいという安全神話……さまざまなものを日本人は失ってしまったような気がする。

「失われた一〇年」は日本の企業社会も変えた。

終身雇用と年功序列というこれまでの日本的経営の根幹をなす人事システムはこの一〇年ですっかり崩れた。終身雇用や年功序列の崩壊とともに社内の人間関係も希薄になり、いつ何時リストラの対象になるかもしれない不安の中で、和を尊ぶ日本的な職場慣習は風化してきている。

かつての日本の企業社会には個人の損得を超えて、人を育てようとする責任感や使命感のようなものがあった。しかし、実力主義や成果主義の導入によって、上司も部下もそれぞれが結果を求められるようになり、上司と部下の関係も昔とはずいぶん変わってきた。

こうした企業社会の変質の根底にあるのは企業理念の変質だ。

以前にも説明したように、会社の本質は利益を追求する機能集団だ。しかし会社という〝法人〟組織は、個々の独立した〝自然人〟では達成し得ないことをなすために生み出されたものであり、もっとわかりやすく言えば、自然人である我々がより幸せになるために生み出されたのが会社という組織体なのだ。

ゆえに会社は社会の公器であり、経済社会を支える大きなインフラでなければならない。社会に対してはさまざまな便益を提供し、それによって得た利益をまた社会還元する。人を雇用し、給料を払って社員の生活基盤を安定させる――。それが会社の社会的役割だ。

業績が右肩上がりの時代には日本企業はそれなりに社員を大事にしていたし、地域や文化に対する社会貢献も行っていた。しかし今はその余裕がなくなって、会社が生き残るために儲けることが第一の利益至上主義に走り、コストに合わない社員のリストラを行っている。

リストラとは本来、リストラクチャリング（構造を変える、再構築）の意味だが、日本では安易なクビ切りに成り下がっている。

「井戸水を飲むときには井戸を掘った人の苦労を忘れてはいけない」という中国の諺がある。今の日本経済の繁栄があるのは先輩たちが頑張ってきたからだ。それを平気で使い捨てるような企業社会は本当に正しいのだろうか。

特に技術者の場合は現場で実力を発揮できる期間が短い。本田技研工業の創業者である本田宗一郎さんは「四〇歳以上の技術者はブレーキである」と言った。技術者が創造的な仕事をできるのは四〇歳までで、四〇歳を過ぎた技術者は「あれはやめろ」「これはできない」と創造のブレーキ役にしかなっていないという意味だ。

開発の現場にいくつものブレーキは要らない。

管理者に転身できない四〇代の技術者は無能化する。そして無能な人材は会社から必要とされない。つまりリストラの対象だ。

働く意志と能力があっても会社から必要とされなければ働けないという、実に不幸な時代がやってきている。

〈畑村〉

本項で説明しているような時代をサラリーマンが生きるにはどうすればいいのか。はじめから会社に依存しきった発想を持たないことだ。

今までは会社に依存して生きることが美徳として考えられてきたから、社会の中にそういう意識が根強く残っている。しかし、今の学生たちが生きるこれからの時代は違う。会社に依存しきることには大きなリスクがある。

大事なことは「個の独立」である。まず個があって、次に集団や組織があるという考え方をする以外に、君たちが生きていく道はない。

もう三〇年以上も前の話になるが、ダグラス・グラマン事件という疑獄事件があった。疑惑の中心人物とされた商社の常務は自殺してしまったのだが、彼は遺書にこんな言葉を残した。

「会社の命は永遠です。その永遠のために私たちは奉仕すべきです」

彼にとって会社は永遠の存在だった。疑獄に荷担したのは会社のためであり、口をつぐむことが会社のためだと最後まで信じて自ら命を絶った。

その心情はわからないでもないし、亡くなった人に鞭打つつもりもない。しかし、会社は決して永遠ではない。今の時代がそうなのではなく、昔からそうだったのだ。会社に殉じる人生など結局は自己満足でしかない。

まず個人として独立した考えや価値観を持つ。会社の論理や都合などその次でいい。会社の論理を優先して不正に手を貸すようなサラリーマンは、まさに個の独立ができていないのである。

第四章

転職と起業

＃19　転職の心得

▼転職のタイミング

総務省統計局の「平成十四年就業構造基本調査」によれば、過去に一度でも転職を経験したことのある有業者の割合は四八・四％。ほぼ五割に達する。

今や転職は特別なことではない。最初に就職した会社に定年まで居続けようと思っている学生のほうが少ないだろう。しかし、転職の絶好のタイミングというのはそうたびたびは訪れるものではない。

転職を何度も繰り返す人がいる。優れたスキルやキャリアを買われて方々からヘッドハンティングされたり、自分のキャリア設計に従ってステップアップする転職ならいいけれど、そういうケースはほとんどない。

むしろ多いのは移った先、移った先で「本当にこの会社は自分に合っているのだろうか」と疑問を抱き、「自分の本当の居場所」や「天職」を捜し求めて、転職を繰り返すケースだ。メーテルリンクの童話になぞらえて「青い鳥症候群」と呼ばれるが、そこまで重症ではなくても、安易に転職を繰り返していると周囲からは転職する当人に何か問題があるのでは、と思われてしまう。

もし転職のタイミングが訪れたら、何故今転職するのか、自分によくよく問いかけてみることが大切だ。何故、何故、何故、何故、何故と五回は自問して欲しい。

自分は転職先の会社に何を求めているのか。相手の会社は自分に何を求めているのか。転職して何が変わるのか。何が変わらないのか。プラスは何か。マイナスは何か――。

自分が大きな会社にいる場合、小さな会社への転職は比較的容易だ。小さな会社は人材が乏しいので、大きな会社からスピンアウトしてくる人材を積極的に欲しがる。しかし、一度小さな会社に転職してしまうと、今度は大きな会社に戻るのは難しい。大きな会社は人材が揃っているので、よほどの実力がなければなかなか転職できない。そういうことも考慮に入れておいたほうがいい。

現在の職場でうまくいっているのに転職するなら慎重を期すべきだ。

たとえば中小企業から好条件で誘われて転職したら、新しい職場で妙な嫉妬をされて働きにくくなったということがよくある。

社長からは認められていても、現場叩き上げの上司や同僚にとっては他所から高待遇で迎えられた人間は嫉ましい存在だ。だから何かと目の敵にされたり、嫌がらせを受けたりする。能力や実力が違っていてもそうなのだから、ましてや同じ程度だったらなおさら。自分と同じレベルの人材が多い職場では皆平等に遇されるが、一人だけ飛び抜けた職場ではいろいろ面倒なことが起きる。

しかし、現在の職場でうまくいかないからといって転職するのはもっと危険だ。職場でうまくいかないのは会社が悪いのではなく、自分が悪いのではないか。人づき合いやコミュニケーション能力に問題があるのではないか。本当は実力や能力が足りないのに、自分の能力や実力を誰も評価してくれないと思い違いしていないか。それならば転職しても何の解決にもならない。同じ失敗を繰り返すだけだ。冷静に自分を見つめ直そう。

〈畑村〉

人間はいつも自分が正しく、他人が間違っているように見える。そして実力がない人に限って、自分は実力があるのに周囲は正しい評価をしていないと思っている。そう思わないと生きていけないのは事実だろうが、それを声高に主張されると周りはいい迷惑である。

▼転職の条件

目先の給与条件や仕事のイメージに釣られる転職は危険だ。給料が今の三割増、五割増になるような転職は注意したほうがいい。そういう職場は短期間で結果を出さなければ、逆にすぐに見切りをつけられる。

転職するとキャリアがステップアップして給料も上がるというイメージが強いが、転職して給料が上がるのは基本的にはヘッドハンティングされたときだけだ。給料が上がったとしてもよくて一、二割のアップか現状維持、リストラの末の転職だと給料がダウンすることもざらにある。

「夢」だけで転職してはいけない。転職した後に「話が違う」ということはよく起きる。そして「思った以上にうまくいった転職」というのは極めて少ない。

転職先に先輩や親しい友人がいれば正しい状況がつかめて心強いが、まったくツテがない場合には自分で転職先の会社のことをよく調べてみる。その結果、転職すべきかどうか迷ったときには、親身になってくれる人以外に相談してはいけない。

特に転職前に社内の人間に相談しないほうがいい。会社が本当に必要としている人材であれば、どこからか情報が漏れて引き留め工作がキツくなるからだ。それに一度転職、つまり今の会社を退職すると口にしたら、後で引っ込みがつかなくなる。すべてを準備し、心に決めてから行動を起こすことが大切だ。

転職の適齢期は、何度か説明してきたように能力がピークに達する三五歳まで。転職を受け入れる会社としては、一〇年は戦力になって欲しいと考える。現場の戦力として評価されるのは四五歳が限度だから、逆算すれば三五歳が中途入社の限度ということになる。

逆に言えば四〇歳を過ぎてからの転職はよくよく注意が必要だ。本当に優秀な人材なら今の会社が絶対に離さない。

それでも今の職場で行き詰まってどうにもならないときは転職も一つの方法だ。ハッキリ言えば行き詰まりの原因は当人にあるケースが圧倒的に多いのだけれど、環境が変わることで自分も変われる可能性がある。転職に賭けてみるのもいい。ただし、それで解決することはほとんどないということも覚悟しておくべきだろう。

〈畑村〉
新しいことを吸収する能力は加齢に従って落ちていく。大体、五年でその能力は半分

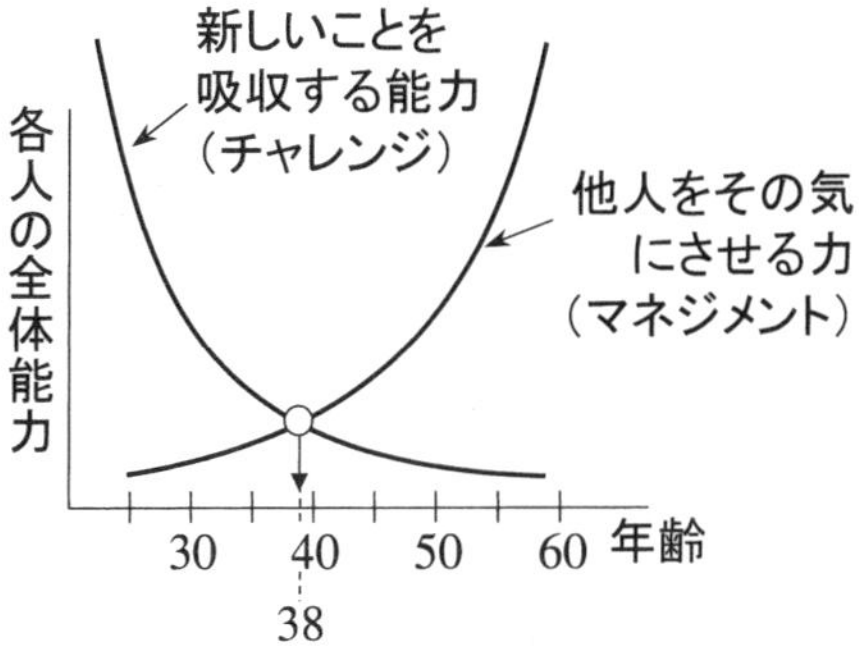

図20　年齢と能力の関係
（全く新しい職種への転職限度）

になるといわれる。ならば、年をとるということは能力が落ちるだけなのかといえばそうではない。人をたぶらかしてその気にさせる能力（真面目に言えば、人間というものをきちんと理解して全体として組織を動かすマネジメント能力）というのは、加齢に従ってどんどん伸びていく。

新しいものを取り入れる能力と人をその気にさせるマネジメント能力というのは図20のように、ある年齢で交差する。私はそれが大体三八歳前後だと思っている。つまり、まったく新しい職種への転職は三八歳ぐらいが限度で、それ以降に転職するならマネジメント能力で勝負できる職場、今までの知識や経験が十分に生かせる職場を選ぶべきだろう。

＃20　起業・独立の心得

▼起業の実際

起業するのは簡単だ。文字通り、業を起こすことだから、株式会社でも有限会社でもいいから会社を作って業務をスタートさせれば起業したことになる。

一九九〇年の商法改正で株式会社を設立する場合には一千万円、有限会社は三百万円という最低資本金の規制（以前は株式会社五十万円、有限会社十万円）ができたが、二〇〇三年に中小企業挑戦支援法が施行されて、平成二十年三月三一日まで最低資本金規制特例の時限措置が講じられた。

この特例措置によって経済産業省に届け出て本人確認などの一定の要件を満たせば、資本金一円からでも会社が設立できる。ただし、資本金が一円でいいのは株式会社の場合は五年間だけ。五年後には資本金を一千万円に増資しなければならない。

このように起業の敷居は昔に比べるとずいぶん低くなったが、本当に大変なのは起業してからだ。

事業を興して、まだマーケットが成立していないまったく新しい分野に乗り出すということはほとんどない。一からマーケットを掘り起こすような未知の事業は個人のベンチャー企業では荷が重い。多くの場合は、すでに成り立っているマーケットに新規参入するわけだが、その場合は競合する先行者が大勢いる。

先行者をしのぐような商品やサービスを持っていたり、マーケットそのものが拡大していて先行者と仕事をシェアできるような状態なら十分にビジネスになるだろう。しかし、先行している会社だってのんびりと仕事をしているわけではなくて、少しでも利益を出すために汗をかき知恵を絞っている。そんな中に新参者が飛び込んでいって成功を勝ち取る確率というのは非常に低い。

創業して一〇年続く会社というのは全体の一、二割しかない。一〇年後には八〜九割の会社が倒産している。会社を独立して起業したサラリーマンは二〜三年のうちに八割以上が失敗して、元のサラリーマンに戻っている。ことほどさように会社を継続し、発展させていくのは難しいのだ。

実際に起業をしてみると、起業前に思い描いていた計画と全然違うことが起きる。

会社に勤めていたときには「独立したら仕事をあげるよ」と言ってくれていた人が、最初の数回はつき合い程度で仕事をくれても、だんだん尻すぼみになって仕事を出してくれなくなることがよくある。他が代替できない特殊なスキルやサービスを持っていれば継続的に仕事はくるが、相手が仕事を出すメリットを感じなければ、結局は長いつき合いにはならない。

特に大企業に勤めていたサラリーマンの場合、あての外れることが多い。「応援する」と言ってくれていた人が全然応援してくれなかったり、サラリーマン時代に使っていた下請け業者が歯牙にもかけてくれなかったり。

大企業の名刺がプラチナ製だとすれば、起業家の名刺は紙切れだ。能力や人柄だけで人を惹きつけるのは難しいけれど、大企業の肩書やポストには簡単に人が集まる。下請け業者が愛想よく接してくれたのは、大企業で仕事の決定権や発注権を持っていたからだ。

立場があってできていたことを自分の能力と勘違いするのはよくあることで、独立して起業してみるとそれがよくわかる。

サラリーマン時代は営業マンなら営業の仕事だけしていれば、あとは経理、総務、秘書、事務員などのバックヤードがフォローしてくれた。ところが起業すれば自分で営業して、見積もりを書いて、受注して、契約して計上して……と、すべての仕事を一人でこなさなければならない。

忙しくて手が回らないからと人を雇えば、それだけ人件費負担が増す。一人雇えば少なくとも年間三百万〜四百万円はかかる。事務所の維持経費も含めれば、社長と社員一人の小さな会社でも年間七百万〜八百万円は必要だ。

サラリーマン時代に年収一千五百万円稼いでいた人が、「それぐらいは自分で稼げる」と思って会社を興して実際に一千五百万円の売上げを上げても、自動的に七百万〜八百万円の経費がかかるから、結局、年収はサラリーマン時代の半分になってしまう。普通に頑張っても年収が半分になるのに、それよりも稼げないとなると会社の継続はおろか、個人の生活さえ危うくなる。

私自身、会社を辞めて独立していく人たちを何人も見てきた。会社の力を自分の力と過信した人は例外なく失敗している。

〈畑村〉

勤め人から見える起業の世界は夢や想像の域を出ない。実際に起業するということは、夢や想像の世界を乗り越えて現実の世界に入っていくということだ（図21）。

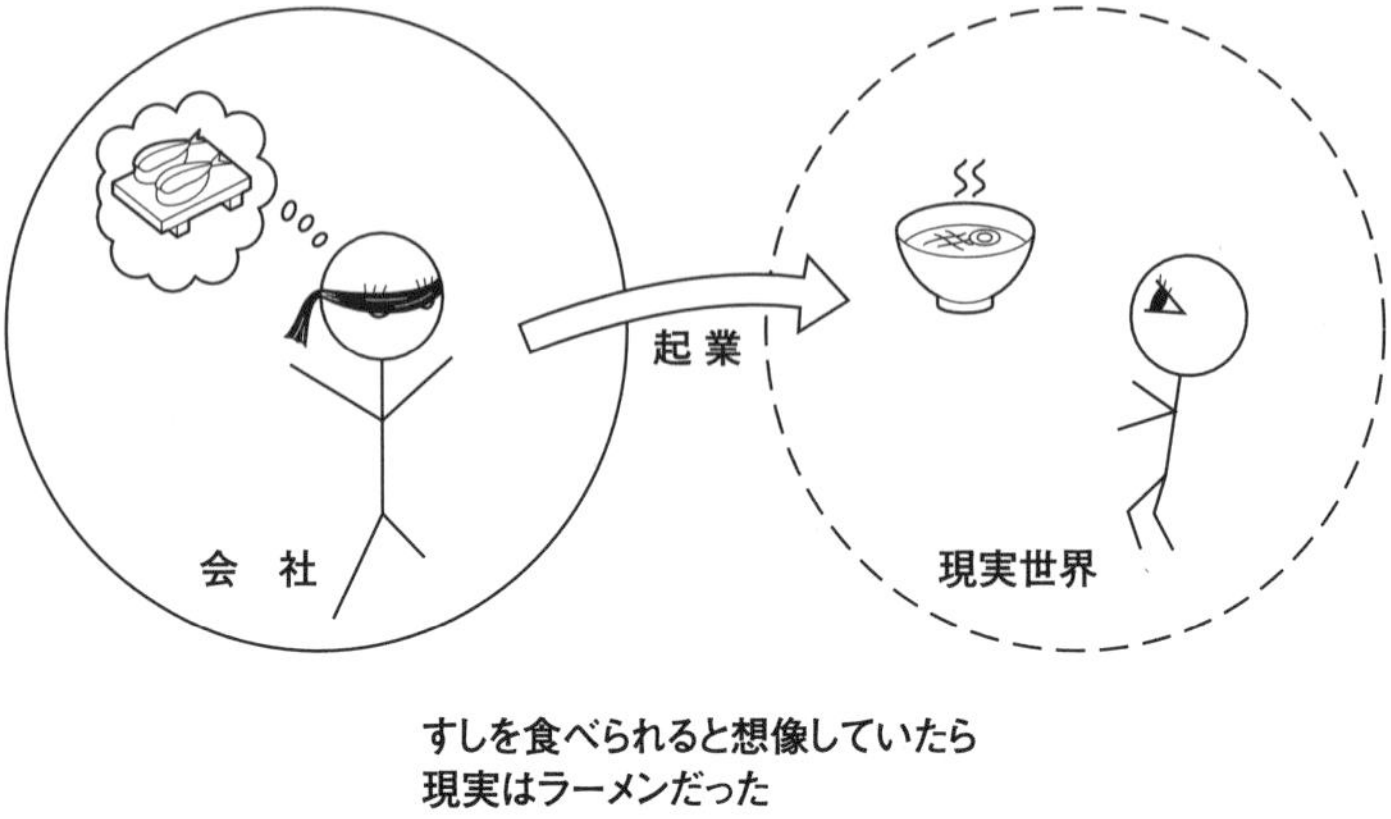
会 社
起 業
現実世界
すしを食べられると想像していたら
現実はラーメンだった

図21　実際に起業してわかる現実の世界

いざ現実の世界に飛び込むと想像だにしなかったことが起きる。想像と現実の不連続性を意識していないと、起業してから起きる数数のトラブルを乗り越えるのは難しい。

ところで、技術者にはどのような起業パターンがあるのだろうか。

たとえば自分で取得した特許を種にしたビジネス。特許の実施権を企業に売り込んだり、その特許を使った技術開発を企業から委託されるケースがある。

ソフトウェアハウスを立ち上げる人もいる。ソフトウェア開発は大きな元手がかからず、インターネットを通じて販売できる手軽さもある。

本格的なモノ作りの会社を興す場合もあるだろう。しかし資金調達から商品の立案・開発、生産、販路開拓、売掛金の回収まで一連の業務を自分の責任で動かさなければならないから、よほどしっかりとした会社経営のノウハウを持ち合わせていなければならない。

よりリスクの少ないビジネスとしては、技術的な知識を生かしてメーカーと下請け業者を仲介する商社的な事業を興したり、経験を積んだ年配の技術者なら技術コンサルタントへ転身するパターンもある。

また、独立・起業するときには資格が必要だということで技術士の資格を取る人がいる。技術士の資格はそれぞれの分野で一〇年以上の実務経験が必要だし、ペーパーテストに加えて面接試験もあるので取得が難しい。その資格取得を目指すのはいい。しかし、資格を取れば仕事がくると考えるのは間違いだ。

結局、仕事を取るために大切なのは営業力であって、人と人とをつなぐ人間関係が上手に作れない人はどんなに立派な資格があっても稼げない。そして技術者の多くがその部分を不得意としている。

そう考えると技術者が起業するというのは実に大変なことだ。だからといって起業すべきではないというつもりはない。むしろリスクを十分考慮に入れた上で起業を目指して欲しいと思う。

私自身、東大を定年になって起業せざるを得なくなった。独立して三年、親方日の丸で月給取りをしていた自分と独立して仕事をしている自分を比べると、今のほうがはるかに〝自分〟という気がしている。今では月給取りをしていたあの頃に戻りたいとはまったく思わない。やはり自由度が圧倒的に違う。

東大時代はそんなに鬱陶しい気分だったのかと問われれば、そういうわけでもない。しかし「東大教授」という社会的制約と、東大という社会からいろいろなものを預託されている重苦しさを無意識のうちに感じていた。そこから解放されてみると、よくもあんな重苦しいものに囲まれていられたものだと思うのである。

▼起業で成功するために

起業して成功するのは〝千三つ〟、千例に三例くらいなもので、いかに能力や実力があっても、時の運に恵まれなければ成功しない。望んでいたことは起きないけれど、懸念していたことが平気で起きるのが起業なのだ。

起業すれば失敗は当たり前。小さな失敗を乗り越えて会社は成長していく。問題はどこまでの失敗に耐え得るか、だ。物事はとことんやらなければ成功しないが、とことんやれば致命的な失敗を犯すことにもなりかねない。

致命的な失敗とは再起不能になる失敗のことだ。人間、十億も百億も借金を背負ったらまず再起できない。数億の借金でも気持ちが萎えて前向きには生きられない。再起のチャンスはゼロに等しい。

致命的な失敗を避けるために、ここまで失敗したら撤退するという判断基準を起業する前に決めておく。見切り千両。「あと百万円あれば何とかなる」「一千万円あれば何とかなる」と事業を続けていると、ズルズル損失が増えて取り返しがつかなくなる。そういうときには、人間の顔はさもしくなる。さもしい顔になったなと自分で気づいたらもう潮時だ。

自分で失敗の判断がつかないときは、頼れるMentor（賢明で誠実な助言者や指導者のこと。親分、庇護者という和訳が相応しいと思う）の判断を仰ぐ。Mentorを持つ能力のないような人間は起業を志すべきではないと個人的には思っている。

そして失敗がハッキリしたときには潔く事業から身を引く。日本は敗者復活のチャンスが少ない社会と言われるが、周囲に迷惑をかけることなく事業に幕を引けるような人には必ず再起のチャンスが訪れる。

起業に際して最も注意しなければならないのは資金繰りの問題だ。

資金繰りは最低でも三ヵ月先まで見通しをつける。三ヵ月先の支払いができれば、当面の対応策は見つかる。別途に家族の生活資金として少なくとも一年分は確保しておきたい。

もし借金をする場合は自分の責任の負える範囲ですること。借りるなら銀行か親戚・知人までに留める。どんなに資金繰りが苦しくとも、決してサラリーローンや街金《まちきん》、闇金融（＃31参照）など高利の金に手を出さない。これは鉄則だ。

それから他人に借金や債務の連帯保証を絶対に頼んではいけないし、頼まれても引き受けてはいけない。

連帯保証をした保証人は、債務者と連帯して債務を履行する義務を負う。つまり、連帯保証人は債務者とまったく同じ立場に置かれるわけで、もし債務者が債務不履行になれば、代わって保証人が債務を履行しなければならない。

連帯保証制度は封建時代の五人組や連座制の流れを汲む前近代的な制度で、金融機関の貸し手責任が確立されていて担保以外のものは要求できない欧米ではこんな理不尽な制度はない。ところが日本では政府系金融機関の融資でも連帯保証を求められる。昔、国民生活金融公庫に融資を申し込んだら「担保はいらないから連帯保証をつけろ」と言われて唖然とさせられた。

他人の借金の支払い義務が生じるのだから、自ら連帯保証人になるのはもちろんのこと、他人に連帯保証を頼んでもいけない。

なぜ連帯保証してもらったらいけないのか。それは連帯保証してくれた相手に多大な迷惑をかけるばかりではなく、自分が倒産できなくなってしまうからだ。

連帯保証人がいなければ、簡単に倒産できる。少しカッコ悪いかもしれないが、借金が返せなければ自己破産したっていい。しかし、連帯保証人がいると簡単には倒産できない。その人まで連鎖倒産に追い込みかねないからだ。結果、無理して事業を続けるうちに高利の金にも手を出して債務はどんどん膨れ上がっていく。最後の最後には借金で首が回らなくなり、連帯保証人を道連れにして共倒れ。これが一番恐い。

とにかく連帯保証を求められるような無理な資金繰りはしないこと。若いうちの失敗はやり直せるが、中年を過ぎてからの起業は失敗すれば取り返しがつかない。最悪、家屋敷ばかりか、家族すら失う可能性がある。

人間には器があり、その人の器に適《かな》った起業・独立の形がある。何も起業して大成功しなければならないわけではない。夢を見られない人。己を知らない人。どちらも起業家には向かない。

〈畑村〉

学生からそのままサラリーマンになって、技術者として会社の中で仕事をしていると、社会で起きる当たり前のことに疎くなってしまう。その典型が連帯保証の問題である。

連帯保証の危うさを知らずに、「知人から頼まれたから借金の保証をした」という程度の認識でハンコを押してしまうケースがいくらでもある。

連帯保証人になるということは自分が借金したのと同じだ。その覚悟がなければ絶対に連帯保証人になってはいけないし、連帯保証を他人に頼んではいけない。つき合いで連帯保証人になるなんてとんでもない話だ。

連帯保証が借金の完全な肩代わりだということを知らずにハンを押して、いつかその履行を求められたときに、「そんなことは知らなかった」と臍《ほぞ》を嚙んでも遅すぎる。大体、臍を嚙むだけでは済まされない。下手をすれば身の破滅である。くどいようだが何度も言っておく。連帯保証人になってはいけないし、人に連帯保証を頼んでもいけない。親の遺言だと思って覚えて欲しい。

＃21　会社と個人

転職もしない。起業・独立もしない。一つの会社で勤め上げるのも一つの選択だが、会社と個人の関係は様変わりしてきている。

終身雇用制度が機能していた時代、会社は社員に給与を払うだけではなく、家族や老後の生活までほとんど一生の面倒を見てきた。社員にとっても会社への忠誠心さえあれば、そこは心地良い共同体だった。

しかし日本経済が右肩上がりの成長を終えると、会社は機能集団としての役割を社員に厳しく要求し、実力や成果で存在価値を評価するようになった。従来のような会社への忠誠心だけでは評価されないし、生き残るのも難しい。

サラリーマンとして安定した生活を続けたいと思う個人に対して、会社は「辞令」という形で無理を強いてくる。

たとえば転勤や単身赴任。国内のみならず、企業の活動範囲が世界に広がるとともに海外への転勤や単身赴任も増えてきている。家族がいたり、地縁社会で生きている個人にとって、転勤は仕事だけではなく個人生活そのものを変えてしまう。

関連会社への出向を命じられる場合もある。役員候補を武者修行に出すような出向の場合は数年で本社に戻るのが既定路線で、籍は本社に置いたままの在籍出向というケースが多い。リストラ的な出向の場合は出向先に転籍させられる転籍出向がほとんどで、本社に戻れる見込みはまずない。

降格・減俸も一昔前ならよほど大きな失敗をしなければあり得なかったが、現在では当たり前のように起きる。実力主義や成果主義の下、給料が仕事に準じて決まるような人事システムを採っている会社では、仕事が変われば給料も変わるし、評価次第で降格もある。

また、人員整理が常態化した今は、会社から必要な人材であると認められなければ、いつ何時退職勧告を受けないとも限らない。退職勧告に法的強制力はないので拒否することもできるが、会社には「解雇」という最後の手段がある。もし不当解雇で争ったとしても、現実的に法廷で対決した会社に復職するのは難しい。

転勤、出向、降格・減俸などで意に沿わない命令を受けたときに、会社に依存しているサラリーマンは抵抗できないし、抵抗するべきではない。会社に依存している限り、会社と戦っても勝敗は明らかで、取れる戦略は〝適応〟だけだ。適応できないのであれば、転職や独立を考えるしかない。

サラリーマンは会社の名刺を使い、事務用品を使い、経理や総務の社員を使って日々の仕事をこなしている。いつの間にかそれが当たり前になって、自分がどれだけ会社に依存しているか気づかなくなる。

サラリーマンの八割は知らないうちに会社に依存して生きるようになる。そして会社に依存するのが最も安全な生き方であるサラリーマンが全体の八割を占める。

一旦、会社に依存して生きてしまうとそこから抜け出すのは難しい。会社の歯車として働いているうちに特定の業務に関する能力やスキルは磨かれるが、それはその会社で通用する能力やスキルでしかない。

逆にどんなに能力があっても使わない能力は消えていく。会社に依存して生きているうちに自立するための能力は失われ、会社への依存度がさらに高まる。

いつ会社が倒産したりリストラされるかわからない時代に、会社に依存して〝適応〟する生き方は得策ではない。そうであるなら、いつでも会社の枠を飛び出して自立できる能力を磨き、信頼できるマンネットワークを構築しておくべきだろう。

＃22　親分と子分

人生は決断の連続だ。決断の数だけ人は迷う。決断が重いほど、迷いは深くなる。たとえば転職や起業・独立を志しても、最後の決断までは何度も迷う。一筋の答えを見つけようと目を凝らせば凝らすほど、迷いの迷宮に入り込んで、自分で自分を客観視できなくなってしまう。

自分で答えが出せないときは誰かに判断してもらうしかない。しかし、所属している会社の上司や同僚に相談しても自分と同じ組織の内側からの視点しか持っていないし、その会社にとって必要な人材なら答えは決まっていて、転職や独立を思い止まらせようとするだろう。社外の友人や知人は親身に相談に乗ってくれるかもしれないが、多くの場合は自分と同じ目の高さでしか判断できない。

一番頼りになるのは、自分と自分が置かれている状況をより高い視点からワイドに見てくれる人。もっと言えば、視点の高さと視野の広さに加え、過去の経験に基づいて未来のビジョンまでも的確に見通せるような時間軸の視点を持っている人だ。

それが親分だと私は思っている。

親分・子分の関係というと、傍に置いてもらう代わりに子分は親分に忠誠を誓うという任俠のイメージが付きまとうけれど、その人の〝器量〟に惚れて、「この人についていきたい」と思えるような人間関係というのは一般社会でもある。

いい親分は口が悪くても本心では子分を気づかうから、子分が迷ったときには相談に乗ってくれる。「ああしろ」「こうしろ」と問題解決の糸口を与えてくれる。子分の間違いを時には厳しく、時には優しく正してくれる。そして人生をより高みへと導いてくれる。いい親分に巡り会えば、それは一生の宝を得たのと同じだ。

「親分なんて、そんな面倒な上下関係は要らない」という人もいるだろう。人は皆、夜郎自大で自分は偉いと思い込む。そういう人に限って、横から見ていると間違った判断をしている。本人は真っ直ぐ歩いているつもりでも、フラフラしているように見える。

大体、判断を預けられるほど器量の大きい親分はそうそう見つかるものではない。そういう親分と巡り会うためには、子分にもそれなりの器量が要る。

功なり名を遂げた人を親分に担ごうとする人は大勢いるが、それではその他大勢の子分にしかなれない。親分が「売り出す」前に子分にならなければ本当の親分・子分の関係は築けない。売り出し前にいい親分を選ぶには十分な観察と思考演算が必要なのだ。

では、親分になる資格のある人はどんな人か。

親分には器量が要るわけで、誰でも親分になれるわけではない。会社組織の部長や社長にはある意味、誰でもなれる。しかし、親分になれるかどうかは個人の能力の領域だ。

親分の資格条件を思いつくままに挙げよう。

年上（年下ではやはり親分に担ぎにくい）。知恵持ち。金持ち。器量持ち。経済的に自立した人。品格のある人。マクロな視点を持っている人。責任の取れる人。信頼できる人。圧倒的な能力・実力を持っている人。度量の広い人。子分を大事にして、子分の身になって考えられる人。

ちょっと鈍いことも親分の大事な資質だ。やたらなことではオタオタしない。繊細な親分に仕える子分は疲れる。

一方で子分にも資格が要る。親分に恥をかかせる子分ではいけない。

まず親分の役に立つこと。持ちつ、持たれつ。互恵関係のない人間関係は長続きしない。親分・子分の関係も例外ではない。自分が小さな親分になってみると、役に立たない子分を持つ辛さがよくわかる。時には親分の相談に乗れるくらいの専門能力や知識があると頼りになる。何より大事な局面で親分の期待を裏切らないことだ。

親分を立てるのも子分の勤めだ。親分をないがしろにするのはご法度。礼儀をわきまえるのも必要。だからといって面白味がない子分というのも親分は疲れる。気のおけない子分になりたい。

親分の出番をわきまえることも大切だ。交渉事で最初は子分が前線に立つが、最後の落とし所を決めるのは親分の役目。親分がいると二枚腰で戦える。

それから親分にあまり面倒をかけないこと。面倒をかける子分は可愛いというけれど、程度がある。子分といっても、自立していることが大事だ。

親分・子分の関係では親分の判断は絶対だ。子分は親分に判断を預ける。親分は自分の能力の及ばないところで判断しているのであって、違うと思っても、「しょうがない」と考えて従う。それが間違っていたら、その人を親分に選んだ自分が悪いだけのことだ。親分との利害が対立した場合には、当然、親分の利益を優先させる。子分は普段、親分の言動からさまざまなものを学ばせてもらっているのだから。

親分には親分道があるし、子分には子分道がある。その道を守らなければ親分・子分の関係は成り立たない。そもそも子分が全幅の信頼を寄せて子分道に邁進できないような人は親分として失格なのだ。

〈畑村〉

リーダー教育が盛んだ。リーダーシップ論がそこかしこで説かれている。「リーダーはかくあるべき」「こういう努力をすればリーダーになれる」と教えている。一方で、「チームワークが大事だ」「これからはチームワークで仕事をする時代だ」という声も聞かれる。どちらも何となく胡散《うさん》臭い。

そんな怪しげなことを言うよりも、「親分道・子分道」を説いたほうがよっぽど世の中のためになると思う。

親分には親分の器があり、子分には子分の器がある。練習して親分になれるというものではない。それに比べたらリーダー教育は誰でもリーダーになれそうな教え方をするのだから、夢はある話だ。

戦後の民主主義教育は「誰でも社長になれる」「誰でもリーダーになれる」という幻想を振り撒き、「だから頑張ろう」と日本人を叱咤してきた。しかし人間には本来、器がある。器を広げる努力をするのは大切だが、無理をすれば器は壊れる。柄にもないことをやろうとするから人は苦しむ。柄にもないことはやらないほうがいい、のかもしれない。

第五章

個人として生きる

＃23　結婚と家庭生活

▼人生設計の大きな節目

人生には三つの大きな節目があると私は思っている。大学進学。就職。そして結婚。中でも生涯のパートナー（になれると想定した相手）と家庭を築く結婚は、人生を変える大きな転機だ。

東大を出てサラリーマンになっても生涯給与はたかが三億円程度。逆玉（の輿《こし》）狙いで、東京近郊の土地持ちの一人娘と結婚すれば、それだけで一反歩（三〇〇坪）の土地（坪百万円で三億円）がついてくる。経済的に考えれば、結婚は貧乏人が貧乏から抜け出す大きなチャンスだ。もっとも金持ちは概ね貧乏人との結婚を望まないし、逆玉が成功するにはそれなりの理由があるのだけれど。

最近は晩婚化が進んで、少子化の大きな原因になっている。

女性の経済力向上や自立、独身生活の気楽さ、結婚生活への経済的不安……結婚しない理由、結婚できない理由はさまざまあるだろう。

実際、考え方も育った環境も生活習慣も違う男女が一緒になって所帯を築くというのは大変なことだし、愛する家族は生きるエネルギーの源になる反面で時として重荷にも足枷《あしかせ》にもなる。現状の生活にそれなりに満足していれば、結婚という自分の人生を変えるかもしれない大きな賭けに慎重になるのも理解できる。

遺伝子を残すという本能に従って結婚すべきだとはいわない。しかし結婚しなければ決して手に入らない人生の宝物が確実にある。そしてそれは大きな賭けをする価値があるものだ。

ソクラテスの妻、クサンティッペは口やかましい悪妻として有名で、ソクラテスはメスのセミが鳴かないことにたとえて、「セミは幸せだ。物言わぬ妻がいるから」と語った。

結婚してうまく行けば幸せになれる。少なくとも哲学者にはなれる。

人生設計を考える上で、早く結婚して子供を作れば中年以降が楽だ。逆に遅い結婚で子供を作るのが遅くなれば、独身時代は優雅に過ごせるかもしれないが、定年近くまで教育費で苦労することになる。

そうはいっても結婚はタイミング。結婚したくても相手と巡り会わなければ結婚できない。逆に恋愛の勢いで一気に結婚に辿りつくこともあるし、「できちゃった婚」が流行っているように、子供ができた責任を取ってする結婚もある。しかし、成り行きでした結婚は破綻もしやすい。

恋愛の対象と結婚の対象は違うという人もいる。一理あるが、高望みして条件に適う相手をいつまでも探しているとそれこそ婚期を逃す。

「妻を娶らば才長けて眉目美《みめうるわ》しく情ある……」

与謝野鉄幹が「人を恋うる歌」で謳ったような女性がいたとしても、自分のような男にはやってこないと思ったほうが賢い。

結婚相手を冷静に見られるという意味では、見合い結婚も悪くない。今の時代は恋愛結婚至上主義が幅を利かせているが、一時の感情に流される恋愛結婚は結果的に「若気の至り」になりがちだ。むしろ見合い結婚のほうが失敗は少なかったりする。

ただし仲人口には要注意。気が強いは「しっかりしている」、とろいは「おっとりしている」、顔の器量に問題がある場合は「性格がよい」と紹介すると相場は決まっている。

恋愛であれ、見合いであれ、結婚の選択権は女性が握っている。男性は常に選ばれる立場であって、選ぶ立場にない。自分が選んだつもりでも、実はしっかり相手に誘導されているのだ。そう心しておいたほうが間違いは少ない。

〈畑村〉

人はいつか親の庇護から独り立ちして社会的な活動を始める。そのより所になるのが仕事と家庭である。仕事を持つきっかけが就職であり、家庭を持つきっかけが結婚だ。そして家庭という経済単位を持つことで、子供をどうするか、住宅をどうするか、老後をどうするか、といった人生設計を否が応でも要求されるようになる。

今はそれほどでもないが、昔は結婚しない人は社会から信用されなかった。既婚者でなければ出世も難しかった。なぜ結婚すると社会的信用を得られるのかといえば、結婚によって人生に足枷がかかり、社会的規範に則って行動すると思われたからだ。結婚してない人は足枷がかかってないから我儘に生きるに違いない、と社会は見たのである。結婚しないことに対する世間のこだわりが少なくなったことも晩婚化の原因の一つなのだろう。

夫と妻は人生のパートナーだ。パートナー関係がうまくいっているときは、仕事のストレスが家庭生活で癒されてまた明日の活力が湧いてくる。しかし、パートナー関係がうまくいっていないと仕事のストレスが癒されないばかりか家庭生活がストレス発生源になってしまって、仕事にもマイナスの影響を及ぼす。

生まれも育ちも違う人間が一つ屋根の下で暮らすのだから、晴れの日もあれば雨の日もある。価値観がぶつかり合って喧嘩することだってある。それを回避する無駄な努力をするよりも、ある条件で必ず怒り、喧嘩になり、あるいは喜ぶという単純明快な夫婦関係を築いたほうがいい。そうすれば相手をコントロールするコツが互いに見えてくる。

もう一つ、大切なのは相手を誉めることだ。

誉められれば誰だって嬉しい。それは人から認めてもらえるからだ。他人から認められることで人は自信を持ち、前向きになれる。もっと頑張ろうと思えるのだ。

子供は誉められることで伸びる。運動会で一等賞を取らなくても「よく頑張ったね」と誉めてもらえる。誉められたからもっと頑張ろうと努力する。そうして子供は成長し、能力を伸ばしていく。

ところが人は大人になるに従ってだんだん誉められなくなる。夫が仕事をこなすのは当たり前、妻が家事をするのは当たり前、になってしまう。この〝当たり前〟がいつの間にか夫婦の関係を冷ましていく。

日本人は照れ臭いのか、身近な人はあまり誉めようとしない。ついつい「口で言わなくてもわかっているだろう」という態度を取ってしまう。しかし、感謝の気持ちを率直に口にしたり、相手を誉めるだけで驚くほど人間関係は円滑になる。気持ちが温かくなる。「この人のために頑張ろう」という気持ちになる。

妻から誉められると夫は仕事をもっと頑張るし、不思議なことに仕事の能力も伸びる。料理を誉められた妻は不思議と料理上手になるものだ。

相手の良いところを誉めるには観察が必要。それだけ相手に気を配らなければならない。誉めることは、「自分をちゃんと見ていてくれるんだ」という安心感を相手に与える。延いては夫婦の絆を強めることになるのだ。

〈畑村〉

誉めるにもやり方がある。はじめのうちはいくら誉めても「そんなことはない。口先だけうまいことを言って」とてんから信用しない。

ところが、いつもいつも繰り返して誉めると「もしかすると、そうかもしれない」と思うようになる。

もっともっと誉め続ける。すると相手は「きっとそうに違いない」と思うようになる。

それでもまだ手綱を緩めずに誉めつづけると、ついに相手は「絶対にそうなんだ」と思うようになる。確信を持った人は強い。

人をその気にさせる極意、である。

＃24　子供と教育

▼それでも子供を持つべきか

少子化がもたらす未来についてはこれまでも何度か触れてきた。単純計算でも、夫婦一組で二人の子供を作らなければ人口は維持できないわけで、一・二九という日本の現在の出生率がいかに危機的状況かがわかる。

一昔前にＤＩＮＫＳ（ダブル・インカム・ノーキッズ）という言葉が流行った。夫婦生活のスタイルとして見れば、ＤＩＮＫＳという選択肢もあるのだろう。でも、自分たちの年金を支える世代を産まないで、今の自分たちの豊かさだけを享受していずれ年金を受ける側に回るというのは、社会の発展に寄与しない、非常に自分勝手な生き方のように感じる。

私は子供を二人持つのが夫婦の義務だと思っている。三人以上産んだ夫婦は国から表彰されてもいいぐらいだ。

しかし、現実問題として子供ができると大変な金がかかる。

教育費に関してはさまざまな試算がなされているが、子供を大学まで行かせると二二年間でかかる教育費と養育費は約二千万円。これは国公立中心の場合で、私立の小学校、中学、高校、大学に通わせればさらにかかる。

仮に一人二千万円としても、税金を含めた可処分所得で見れば三千万円近くは必要になる。子供二人で六千万円。三人で九千万円。サラリーマンの生涯賃金が退職金を含めて約三億円だから、サラリーマン家庭の平均的な収入を考えれば子供はせいぜい三人が限度で、それ以上になると十分な教育を受けさせるのは難しい。大学教育を受けさせなければ教育費負担は軽くなるが、子供が将来苦労することになる。

また子供を持つ年齢によって負担のかかり方も違ってくる。

二五歳で子供を持ったとすれば、子供が大学を卒業したときには自分は四七歳。まだ働き盛りといえる。三〇歳のときの子供なら大卒時点で五二歳。右肩上がりに年収が上がる時代ではないので、中高年になってから教育費負担が増していくのはかなり辛い。四〇歳のときの子供なら大卒時点で六二歳だから、すでに定年を迎えている年齢でも稼ぐためにリタイアできない可能性が高い。

もちろん十分な収入があれば何歳で子供を作っても問題ないわけで、やはり子供の数というのは収入によって制限される。逆の言い方をすれば、今の時代は親の年収によって子供がどんな教育を受けられるか決まってしまう。

「社会が二極分化してきている」

子供を持つ同世代の友人たちと話していると皆そう言う。

我々の時代は貧しくても真面目に頑張っていれば生活できたし、貧しい家庭の子供でも頭の出来がよければ公立高校からいい大学に進学できた。しかし、都立高校の地盤沈下に象徴されるように公立高校全般が低レベル化した今は、中学から受験勉強しなければなかなか進学校には進めないし、さらに小学校、幼稚園の〝お受験〟へと受験が低年齢化している。

一方で死に至らしめるような子供の虐待やイジメの問題が毎日のようにニュースで報じられるが、その多くは親が何かしらの問題を抱えていて、子供に十分な教育を与えられない低所得層の家庭で起きているのが現実だろう。

教育による社会階級の固定化は確実に進行している。

〈畑村〉

子供を持った親は大きな制約を受ける。赤子の頃は生活の主体が子供になり、世話に追われる毎日。自分の小遣いを減らしてでも将来の教育資金のために貯金をし、保険にも入らなければならない。小学校に通うようになれば学校生活や塾通いをサポートし、PTA活動にも駆り出される。中学、高校の難しい思春期には子供との距離感に気を配りながら、一人前の人間になるように導かなければならない。犯罪の加害者にも被害者にもならないように、独り立ちするまで見守り続けるのは大変なエネルギーとコストがかかる。

昔は子供には親を助けて働き、親の老後の面倒を見て、家を継ぐという役割機能があったが、今はそれも薄れている。とすれば、そんな苦労をしてまで子供を作り、育てる意味は何なのだろうか。

親は子供から制約を受けると同時に、大きなエネルギーも受ける。子供が喜べば、我がことのように喜びを感じ、子供が痛がれば自分の身体が痛むのと同じように痛みを感じる。喜怒哀楽、いろいろな感情を立体的に感じられるようになる。

一人の人間として五感で感じてきた世界とは大きさや範囲も違う。それは子供を作って育てなければ決して踏み入れることのできない領域であり、そこでしか得られない生きがいがあるのだ。

子供ができると人が変わるとよくいうが、実際、ものの考え方から行動の仕方、お金の使い方まですべてが変わってくる。それが人の親になる、ということなのである。

＃25　離婚

▼離婚の労力は結婚の一〇倍！

国民生活白書によれば、戦後、日本の離婚率（人口一〇〇〇人当たりの離婚件数）は長い間低い水準で推移して、一九九〇年代前半までは〇・七〜一・六。安定した夫婦関係は日本社会の特徴の一つでもあった。

しかし近年は急激に上昇して、二〇〇〇年には離婚率は二・一まで高まっている。離婚率四・〇を超えるアメリカにははるかに及ばないものの、今やフランスやドイツなどと肩を並べる数字だ。しかも他国では近年の離婚率にあまり大きな変化がないが、日本は上昇幅の大きさが目立つ。「バツイチ」や「熟年離婚」、「定年離婚」という言葉も定着してきた。

離婚に至る経緯や気持ちの移り変わりはその夫婦にしかわからないので、外部がとやかく言ってもしょうがない。ただ離婚を経験した立場で言えるのは、離婚には結婚の一〇倍の労力が要るということ。

離婚の手順には三つの種類がある。協議離婚と調停離婚と判決離婚だ。

夫婦の話し合いで双方が合意して離婚届を役所に提出するのが「協議離婚」。この場合はあまり労力を使わないで済む。

話し合いがつかないときには家庭裁判所に調停を申し出る。すると家庭裁判所の調停委員が双方から事情を聴いて、解決の道を探ってくれる。調停によって元の鞘に収まる場合もあれば、離婚条件が合意に達する場合もある。調停によって成立する離婚が「調停離婚」で、この場合は家裁が作成した調停調書の謄本とともに離婚届を提出する。

家裁の調停は一～二カ月に一度なので、調停が長引くと三年も五年もかかることがあり、これが非常に疲れる。

家裁の調停が不調に終わり、それでも離婚したいという場合には離婚訴訟によって判決を得て離婚するしかない。これが「判決離婚」で、判決書の謄本と確定証明書を添付して離婚届を提出する。

離婚訴訟ともなると、法廷は双方の主張が対立する悪口合戦、罵り合いになって泥沼化する。精神的にも肉体的にも消耗が激しいので相当な覚悟が必要だ。

結婚の一〇倍の労力を使って離婚して、それでも幸せになれるならいい。しかし、離婚した後の現実は決して甘くない。

子供がいなければやり直しもしやすいが、子供を抱えての再出発は障害が多い。特に女性の場合、一度家庭に入ってから再び社会で働くのは大きなハンデがある。財産分与や養育費、慰謝料などはケースバイケースで、離婚後の生活の十分な支えになるとはいえない。

財産分与は、夫婦は対等な関係なのだから本来二分の一ずつ分配されるべき。だが、不動産や貯金が夫名義で妻が専業主婦だったりパート程度の仕事しかしていなかった場合には、妻側の取り分が少なくなるのが現実だ。

養育費は基本的にはどちらに引き取られても収入の多い親の生活レベルで暮らせるように設定されるが、一度決めた金額や期間が相手の都合で守られなくなることもあり得る。

また離婚というとすぐに慰謝料をイメージしやすいが、離婚の慰謝料は相手の有責不法な行為、つまり暴力や浮気などの不貞によって離婚に至った場合、その精神的苦痛に対して損害賠償的に支払われる。「性格の不一致」や「夫がマザコンで耐えられない」という程度の理由で慰謝料を認めてもらうのは難しい。離婚原因が相手にあったとして、どれだけの精神的苦痛を被ったかを立証しなければならないのだ。

実際の慰謝料の支払いは財産分与と合算する場合が多く、普通のサラリーマン家庭なら財産分与と慰謝料を合わせて二百万〜五百万円程度が相場。有名人でもなければ、そんなにふんだくれるものではない。

一方、男性の側からしても、せっかく築いた財産を処分し、毎月の養育費を支払い続けるのは大きな債務を抱えたようなものだ。ゼロからではなく、マイナスから新しい生活を始めなければならない。

そして離婚は夫婦だけの問題ではない。子供も大きな被害を受ける。子供が幼いときや思春期に両親が離婚すれば、精神的に大きな傷を負わせることになる。

だから避けられる離婚なら避けたほうがいい。ということで、夫婦関係がとうに冷めていても離婚しない仮面夫婦も世の中には少なくない。我慢して我慢して、夫が定年退職し、子供が独立したところで退職金を分け合って離婚——これが定年離婚、熟年離婚だ。

男性の立場に立って言うなら、離婚を決意したら損を覚悟で、相手の出した条件を受け入れるべきだ。損をしないで別れようとすると大抵、泥沼になる。子供に与える傷も深くなる。丸裸になる覚悟がなければ、離婚はしないほうがいい。

〈畑村〉

「破《わ》れ鍋に綴《と》じ蓋」という言葉がある。長い間連れ添っていると、互いに相手の欠点を補い、そして全体としては入れ子になるような夫婦関係が出来上がっていく。

どこからどこまでが相手で、どこからどこまでが自分なのかよくわからないような関係が出来上がっていって、夫婦それ自体が全体で融合した一つの人格のようになる。

そこまでになった夫婦の関係を剝離し、切り離そうとすると大変な〝苦労〟や〝痛み〟が伴う。離婚は結婚の一〇倍の労力が要るというのはそういうことなのである。

＃26　住宅取得

▼住宅＝資産の幻想

家は人生の中で一番大きな買い物だ。土地と上物の代金はもちろん、住宅取得の際には印紙税や登録免許税、不動産取得税、固定資産税など多くの税金を負担しなければならない。加えて家を買えば新しい家具や調度品、電化製品なども買い換えようとするから、予想以上の金額がかかってくる。

総務省が発表した「平成十五年住宅・土地統計調査」によれば、日本の持ち家率は六一・二％で、アメリカやイギリスと並んで先進国のトップクラス。「住宅取得が男子一生の仕事」とか「一国一城の主」と言われるように、日本は「持ち家信仰」が根強い。

日本人の持ち家信仰が強くなったのは戦後のことだ。

住宅を作ってたくさん供給すれば建築業や不動産業などの関連業界のみならず、住宅着工件数が景気の指標になっているように、さまざまな買い替え需要が喚起されて景気を刺激する。住宅が売れれば税収も上がる。ということで、住宅金融公庫による低利の住宅ローンなど、持ち家を奨励する住宅政策を国が主導してきた。

持ち家信仰は終身雇用制の企業社会にも実にマッチした。

通常、サラリーマンが家を買う場合はまず会社から低利の融資を受けて、足りない分を公庫や銀行で住宅ローンを組む。もし会社を辞めるとなれば、月々のローンが支払えなくなるし、会社から融資の一括返済を求められる。会社の住宅融資は社員を会社に縛りつけておくためには非常に好都合だったのだ。

それでもバブルの前、昭和三十年代後半から四十年代前半に家を買ったサラリーマンはよかった。我々の親の世代は当時、五百万〜一千万円程度で住宅が買えた。

日本経済は上り坂で給料が右肩上がりの時代だったし、一九七三年のオイルショックを境にインフレ調整でサラリーマンの給料が平均三割程度アップした。年収五百万円だったら百五十万円も増えるのだから、五百万〜六百万円の借金など数年で前倒し返済できる。

しかも地価はバブルの崩壊まで上昇する一方だったから、五百万円で買った家の価値が三千万円にも四千万円にもなって、もっと大きな家に買い換えることもできたわけだ。

住宅が資産になるという考え方は、このようにインフレで土地が値上がりした時代の大いなる幻想に過ぎない。今後は住宅は大きな負の資産になると悟らなければならない。基本的にデフレの状況下では買った物の価値は下がる。たとえば一千万円の高級車を買っても、手にした瞬間にその価値は約六百万円程度に下落する。家も同じだ。土地神話が崩壊して、都会の一等地を除けばもう地価が上がることはない。

大体、資産というからには処分したときに買値より上かどうかは別にして、借金を清算しても手元に幾ばくかでも残るはずだ。

今、住宅ローンを支払っているサラリーマンがリストラに遭って職を失ったらどうなるか。ローンを払いきれないから家を売り払って清算しようとしても足りない。借金をチャラにできないから、借家住まいになってもローンを払い続けなければならない。

住宅ローンを抱えて家を売るにも売れない。実質債務超過に陥って会社も辞められず、リストラの恐怖に怯えている住宅破産予備軍のサラリーマンは一〇〇万人規模でいるといわれている。

▼家を買うリスク

住宅の取得は時代の動きや自分が置かれた状況に照らして考えなければいけない。高齢者の持ち家率は約八〇％。人口が減っていく中で、今後、親の家を相続する人たちが続々出てくるから住宅需要は減るだろう。一方で都市の再開発計画が各地で進んでいて、これから数年は物件供給が増える。ところが二〇〇七年に団塊世代の大量リタイアが始まるから、オフィススペースの空きが増えて物件が余るようになる。当然、住宅への転用物件も出てくるだろう。

そうした状況を考えると住宅価格は今後まだ下がる可能性が高い。買い時はいくらでもある。若いうちから借金してまで家を買う必要はないと思う。

大体、家を買っても、住宅ローンを支払っているということは銀行の借家に住んでいるようなものだ。本当の借家よりも自由に使えるけれど、大家の銀行はローン返済という名の家賃を容赦なく取り立てる。

ローンを組むときには銀行取引約定書という契約書を交わすが、そこには「支払いが遅れたら競売にかけることもありますよ」などと、支払いが終わるまで家は銀行の持ち物だと言わんばかりの一方的な約定が記載されている。

そもそも最長で三五年もの住宅ローンを組んで、スーパーマンでもあるまいし、この先三〇年以上も身体が丈夫だという保証がどこにあるのか。社会が変化しないということがあり得るだろうか。

ローンの返済に追われ、小遣いも十分に使えず、つき合いの酒もまともに飲めないサラリーマン人生なんて楽しくもなんともない。

「賃貸に住んで家賃を払うなんて金をドブに捨てるようなもの。だったら家を買って月々のローンを支払ったほうがいい。いずれ自分のものになるのだから」という住宅会社のセールストークのような考え方をする人もいる。確かに月十五万円の賃貸物件と、月十五万円のローン返済なら負担は同じだ。

給料が右肩上がりで資産価値が上がっていくインフレの時代なら話はわかる。しかし、給料が平気で下げられていつリストラされないとも限らない、それもデフレ時代に、借金してものを買うのはリスクが非常に高い。借金に縛られて身動きが取れなくなる。もしいい転職先が見つかっても気安く勝負できないし、給料が下がったからといって家賃の安い物件に移ることもできない。社会の流動性が高い時代に固定化された借金を抱えるのは得策ではないのだ。

現金で家を買えるなら一番いいが、そう簡単にはいかないだろう。大体は借金して買う。その場合は資産と負債のバランスで見なければいけない。

たとえば五千万円の物件を買えば、買った途端に六掛けの三千万円の価値しかなくなる。そこで三千万円までの借金で抑えられれば、資産と負債のバランスは取れる。しかし実際には五千万円以上のローンを組んでしまう。その時点ですでに債務超過だ。

ローンの金利にも税金がついているというロジックにほとんどの人は気づかない。たとえば月十五万円のローン返済だとすれば年額百八十万円。年収九百万円を超えると四三％の税金がかかってくるから、百八十万円を返済するために三百二十万円の収入を振り向けている計算になるわけだ。年収が上がれば税率も高くなるから、税込みで考えた支払総額も多くなる。

住宅取得はチャンスがいつかやってくる。起きて半畳寝て一畳。借金で砂上の楼閣を手に入れてその返済のために働くよりも、若いうちは能力を高めるために自分に投資をしたほうが効率がいい。


〈畑村〉

家を買うリスクとして、地震災害との関係も頭に入れておかなければいけない。関東に大地震がきたときに倒壊や火災の被害はもちろんだが、液状化現象で地盤が沈下して

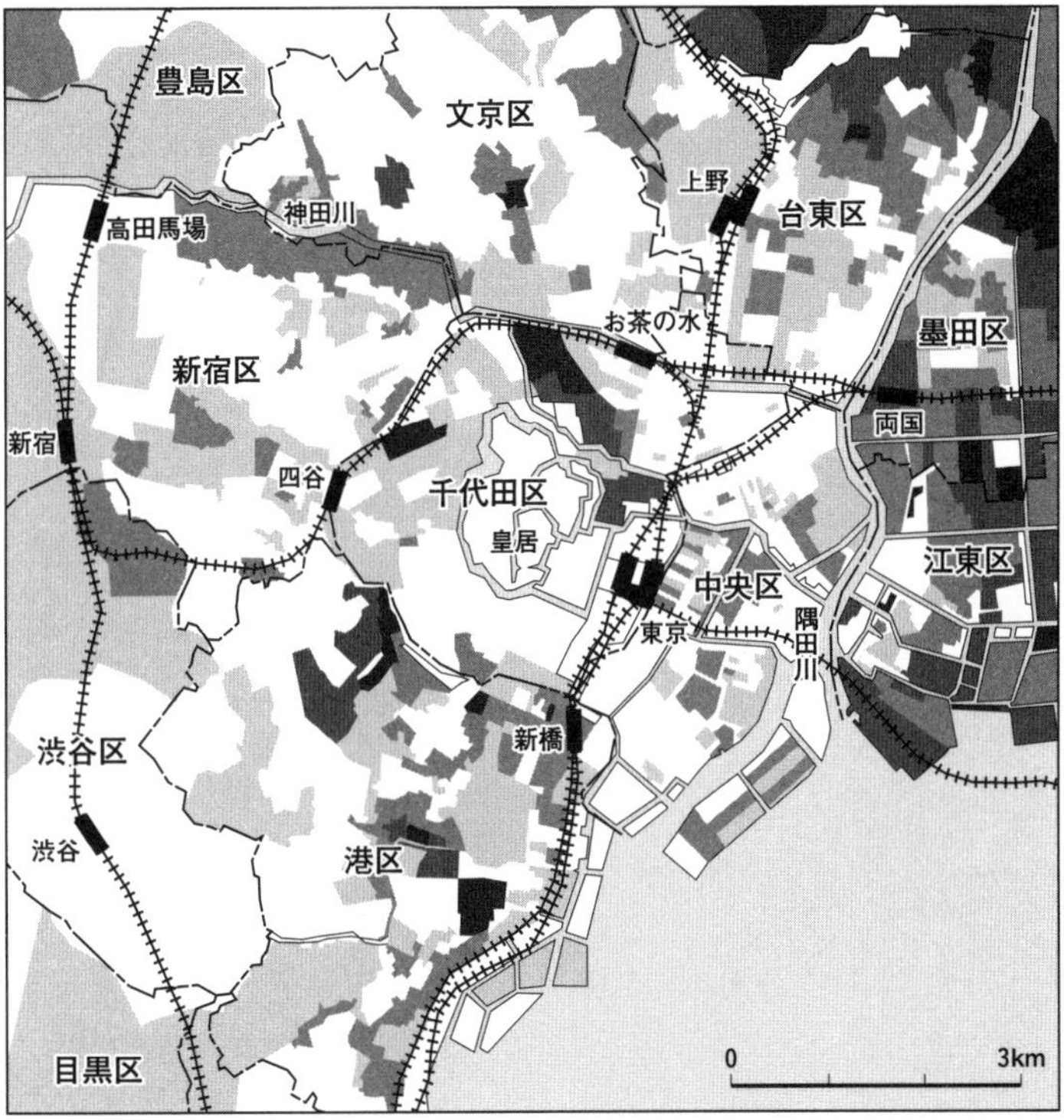

資料：鹿島建設小堀研究室　武村雅之先生より

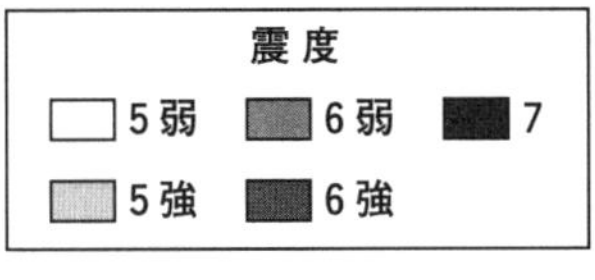

図22　関東大震災時の東京都心部の災害地図

とても住めなくなる住宅がたくさんある。

一応、地震保険はあるが、本当に大地震が起きたら被害の数も規模も大きすぎて、まともな査定ができるとは思えない。保険会社が支払い不能に陥るケースも十分に考えられる。

図22は関東大震災の災害地図だ。湾岸地域、荒川流域や隅田川の流域など、水辺のエリアは軒並み揺れが大きかったことがわかる。これらの地域の地盤の危うさは開発が進んだ今も変わっていない。住宅を取得するときは、危険な災害地域に当たっていないかどうか、よく注意を払う必要がある。

＃27　人生とお金

人間、特に凡人の場合は経済力が人生の幸福を大きく左右する。昔から「金がないのは首がないのと同じ」という。金がなければ、生物としては生きているかもしれないが、首から上、つまり顔がないのと一緒で、社会的には生きていると認められないという意味だ。

「金がすべてではない」というのは正しいけれど、綺麗事でもある。経済的自立がなければ真の自由にはなれない。

私が会社から独立した当初に強く感じたのは、経済的自由がなくなって時間的自由が増えたということだ。独立して自由になれると思っていたが、あったのは時間的自由と貧乏をする自由だけで、経済的には不自由になった。

独立するときには本当に経済的自由が得られるかどうかを考えなければいけない。独立に成功しなければ経済的に不自由になってしまって、取り急ぎサラリーマンに戻るにしても、大概は以前の会社よりもっと小さな会社に勤めることになる。

資本主義社会では金は絶大な力を持つ。金で買える幸せは多い。しかし、一定以上の金を持つようになると、その効果は急激に低下する。経済学で言う「収穫逓減の法則」だ。

たとえば成功して高級車を五台も買ってみると、それ以上は何台買ってもあまり面白くない。買えないときはすごく欲しいと思うけれど、買えるようになってみると、「何だ、こんなものか」と思うようになる。これは家も同じだ。

人それぞれだが、思うに年収が二千万円を超えて、最低限欲しいものが買えるようになると、金の効用は一気に低下する。それだけ稼ぐ生活というのは相当忙しいから、経済的自由よりも時間の自由が欲しいと思うようになる。

貧乏なときは金がなければ困る。年収三百万〜八百万円くらいまでは金が大事だと考える。しかし、そこから先に進むとまた違う景色が見えてくる。

たとえば「愛も金で買える」という。確かに金があれば大事にしてもらえるかもしれないが、それは金を大事にしているのであって、本当に愛されているかどうかはわからない。いくら「健康も金で買える」といっても、死に向かっていく身体の老化を食い止めることはできないし、金では決して取り戻せない健康もある。

若くて貧乏なうちは金は万能だと思っているかもしれないが、世の中をよく観察してみると決してそうではないことがわかるはずだ。お金のない人生は悲しい。しかし、お金しかない人生はもっと悲しい。

そうはいっても金を持っていない人は金が欲しいもの。しかし金を持つには器量が要る。器量のある人には自然と金が寄ってくる。金がないのは、それだけの器量がないからだ。

金と異性は追いかけると逃げていく。金と異性に追いかけられるようになれば本物。できる男は金のニオイ（Smell of Money）がする。そして金のニオイに人は集まってくる。貧乏臭くなってはいけない。

結婚、出産、子供の進学……ライフステージによって必ず必要な金がある。最低限の生活費とそういう資金は持っていなければいけない。人生のリスクヘッジとして、少なくとも生活費の三年分を目標に貯める努力をしよう。生活費が月三十万円だとすれば、三年で約一千万円。貯まったからといって、すぐにそれを頭金にして家を買ったりしないこと。

一方で若いうちから金を極力使わないでガツガツと貯め込む人もいるが、それもあまり感心しない。ネットワークを維持したり広げるためには友達づき合いも大切だし、自己投資も必要。本を買うのだって自己投資。要は生きた金の使い方をすることだ。

たまには無駄遣いをするのもいい。楽しいし、いいストレス発散になる。特に金持ちの無駄遣いは社会の要請だ。マクロ経済的にいえば、無駄遣いをするから潤う人がいるわけで、それで景気も活性化される。

企業社会でいえば交際費がそうだ。交際費を使う飲食店などの多くは中小零細企業で、交際費はイコール中小企業の売上げ。企業の交際費を無駄遣い扱いして締め上げたために、社会に金が回らなくなり、国内経済が落ち込んでいる側面があるのだ。

コストを締めれば企業はその分儲かるかもしれないが、社会全体としては活力が失われていく。社会の活力が失われると、結果的には企業も儲からなくなる。無駄遣いをしなくなればなるほど、負のスパイラルに落ち込んでいく。

同様に、金を使わない金持ちは社会的な存在意義がない。事業、寄付、無駄遣い。どれも社会の役に立つ。

金持ちになったら、きちんと金を使おう。

〈畑村〉

金は人類が発明した、すべてを測れる唯一万能の共通尺度だ。物やサービスだけでは

なく今は時間すら金で買えるようになったし、慰謝料のように精神的なことさえも金で置き換えられている。質的に違うものを定量化する機能がお金にはある。そして、あらゆるものが金に換算されて社会を還流しているのである。

そうした社会の中で、金がなければ物が買えない、金がなければモノが食べられない、金がなければ好きな所に行けない、金がなければ十分な医療が受けられない……と金がないことでさまざまな制約を人は受ける。

そういう経験を繰り返すうちに、金さえあれば自分の欲しいものはすべて手に入ると思うようになる。生きることと金が等価であるかのように考え、自分の欲望を満たす手段として金に執着するようになってしまう。

人が金に魅入られるのは、人間の営みをすべて換算する機能を金が持っているからだ。権力や権限も金で買える。遺産を残せば、死んでからも社会に影響を与えることができるという意味で、金には時間超越性もある。

日本ではそれほど大きく評価されないが、アメリカなどでは大金持ちになった人は皆、一生懸命寄付をする。それは慈善事業として行う面もあるが、寄付が社会的な名誉や尊敬を得る一番の近道だからだ。名誉や尊敬すら金で買えると考える人たちが大勢いるのである。金を使って力を得ようとする人、金が欲しい人、ほどほどのバランスの上で社会は動いている。

フィリピンの対外収支の第三位は海外からの送金である。フィリピンでは男性も女性も国外に出稼ぎに行く。それによって国家運営がようやく成り立っている側面がある。出稼ぎで送金したお金はどのように使われているのか。もちろん、送金を受け取った人たちの生活に使われることもあるが、その一部が町や村に寄付されて、そのお金によって学校が建てられたり、病院が作られたりしている。

土木作業員やメイドなど、日本では社会的尊敬を受けないような仕事で出稼ぎしている人たちがフィリピンの中ではとても高い評価を受け、尊敬されている。そういう人たちが送金したお金が、社会的尊敬を得られるような使われ方をしているからなのだ。

日本でも成功した人が自分の出身地や出身校に恩返しという形で寄付や寄贈をするケースがあるが、こうした行為はもっと評価されていい。

第六章

人生の後半に備える

＃28　老後

▼老後に準備すべきもの

現役で仕事をしている間は自分の老後のことまでなかなか思いが及ばない。しかし、定年後の第二の人生は、余生というには長い。日本人男性の平均寿命は七七歳、女性は八三歳と言われている。これはゼロ歳からの平均寿命であって、六〇歳までに亡くなった人もカウントされている。

六〇歳まで五体無事に生きたら、その先の平均余命は約二〇年ある。健康も金もなしに八〇歳まで生きるというのは、ある意味で死ぬよりも恐い。惨めな老後を送らないためにも、その備えはしっかりしておきたい。

定年を迎えた六〇歳以降働くつもりがないなら、先立つ蓄えが必要だ。たとえば一年で二百万円の生活費が要ると思えば、平均余命プラス一〇年の三〇年で六千万円。年金などの公的扶助がきちんと機能していれば違ってくるが、自己資金だけで老後を送るなら六〇歳までに六千万円ぐらいの財産を用意しなければならない。

定年後も働くというリスク回避の方法もある。趣味もなく仕事が生きがいのような人生を送ってきた場合にはかえってそのほうが幸せだろう。ただし、その場合は健康であることが大前提。健康なら働ける。少なくとも現役の頃から身体を鍛えて、健康を維持する努力はしておくべきだ。

ストックで生きていくか。それともフローを持ちながらストックを取り崩して生きていくか――。老後の生き方を決めておくのはとても大切だ。

サラリーマンの場合、自営業と違って死ぬまで働き続けるというわけにはいかない。一昔前なら大会社に所属していれば定年を過ぎても六五歳、七〇歳まで天下りや出向など何かしらの形で職場が与えられたが、今はそれが難しくなってきている。

それどころかリストラや会社の倒産で四〇代、五〇代で突然に人生の見直しを迫られないとも限らない。安定を求めてサラリーマンになることが逆に不安定な時代になってしまった。この傾向はこれからも大きくは変わらないだろう。

私は老後に必要なのは健康、金、友達、趣味だと思っている。まずは健康第一。生きていても健康でなければ思うように生きられないし、健康なら金は稼げても健康を金で買うことはできない。次が金。金がなくて侘しい思いはしたくない。そして友達と趣味。気心の知れた友人たちと楽しく過ごせる老後は本当に幸せだと思う。一人でぽつんと過ごしていると衰えるのも早い。

趣味や遊びも大事。いざリタイアしてみたらやりたいことが何も見つからないというのは寂しい。でも、趣味や遊びは暇になったらやろうと思っていると、実際に暇になったときには何もできない、何も手につかないということがある。仲間と同じように遊ぶには、それなりに習熟時間が要る。体力が追いつかない場合もある。どんな趣味や遊びも一〇年ぐらいの助走期間を設けよう。

〈畑村〉

ゴルフなんてスポーツは巨大な耳掻きを振り回して何が楽しいんだろうと思っていた。始めればハマると言われるが、今でも別に好きではない。

「早く始めないと、年をとってから遊んでやらないよ」と周りに脅かされたのがゴルフを始めるきっかけだった。助走期間が十分だったのか、足りなかったのかはわからないが、ようやく皆の尻にへばりついてフェアウェーを歩いている。今でも耳掻きを引っかき回して、しかも人の倍のボールを引っ叩いて、何が楽しいのかと思うけれど、ヘトヘトになってプレイした後の風呂と酒盛りは無上の喜びだし、仲間と遊ぶのは楽しい。

▼老い方、死に方

人は誰でも老いる。老いれば身体も利かなくなるし、頭が衰えてボケることもある。自分だけ例外などということはあり得ない。

身体の自由が利かなくなったり、ボケたり、臨終を迎えるときに周囲になるべく迷惑をかけないような「老い支度」や「死ぬ準備」をしておきたい。

まず子供に頼ることを考えるべきではない。昔は子供が年老いた親の面倒を見るのが当たり前だったが、今は親の面倒を見るのは経済行為であり、残せるような財産がない限り面倒を見てはもらえない。

子供には頼らない、が原則。世間ではしっかりした親ほど子供に頼ろうという考え方は捨てている。ところが貧しい親ほど子供に頼ろうとするきらいがあるから、イジメや介護虐待のような悲惨なことが起きる。

実際に介護をしてみるとよくわかるが、仕事を持っている立場で無償で人を介護するのは難しい。仕事と親の介護を両立させようとすれば、いつかは自分のほうが倒れてしまう。結局は介護費用を払ってプロに頼んだほうがいいという話になる。

子供の世話になるというのは十二分な資産を残した人だけに通用する考え方で、そうでないなら、どんなに親孝行な息子や娘がいても子供には頼らないという気持ちで老い支度をしたほうがいい。

定年を迎えてから退職金で家を建て替えて、子供と同居するケースもあるだろう。家の建て替え資金を出してもらって一緒に住むのだから、親の面倒を見なきゃいけないと子供は思うし、親も面倒を見てもらって当然だと考える。しかし、同居住宅や二世帯住宅はCMのようにはなかなかうまくいかない。一緒に暮らせば感情も直にぶつかり合う。子供との同居に頼り過ぎると必ず失敗する。

といっても一人暮らしでは身体が動かなくなれば不自由が増える。終の棲家として老人ホームに入居するのも一つの選択だ。

老人ホームというと姥捨て山的な陰惨なイメージがいまだに残っているが、設備、サービスともに行き届いた立派な施設も少しずつ増えてきている。老人ホームが最良の選択になる人もいるだろう。ただし、きちんとした施設は入居希望者も多いので、何年か入居待ちする場合が少なくない。入居する際には数千万円単位の預納金が必要で、やはり資金がなければ老後の選択肢には加えられない。

また、自分が死んだ後のことを考えておくのも大切な「老い支度」だ。子供に財産を残さなくてもいいが、自分の葬儀費用など身辺を整理するための「死に金」くらいは用意しておきたい。葬式費用の全国平均は百九十万円。市町村の扶助を受ける公営の葬儀なら安上がりだが、それでも最低三十万円くらいはかかる。

財産がある場合には、頭がしっかりしているうちに遺言状を残すこと。子孫に禍根を残すような死に方は避けたい。

〈畑村〉

遺言状があれば残された遺族は気が楽だ。

実際の相続が始まるときに、何をどう主張し、どう結末をつけるのか、というのは考えただけでも鬱陶しい。自分の主張を通そうとすれば、相続ではなくそれこそ〝争族〟になってしまう。

そんなことをやらずに済ませられるのは、死ぬ当人が遺言状を書いていたときだけだ。遺言状があれば、死後、裁判所に行って開封し、遺言状の通りに実行すればいい。自分の意に沿わない内容だったとしても、親の決めたことだから仕方がないと思える。

＃29　介護

▼介護保険の現実

「健康寿命」という言葉がある。人の寿命の中でも、元気で活動的に暮らすことができる長さのこと。平均寿命がどれだけ長く生きられるかを表しているのに対して、健康寿命は長寿の質を問う考え方だ。

いくら長生きしても寝たきりや痴呆になったら本人も周囲も辛い。どうせ死ぬなら、健康寿命が尽きた瞬間にポックリと逝きたいものだ。しかし、そう思い通りにはならない。健康寿命が尽きてから本当にお迎えがくるまでの間は、誰かしらの介護を受けて生き永らえることになる。

前項で触れたように、介護は片手間でできることではないし、介護者に大きなストレスを与える。老人病院での虐待が時折問題になるが、手馴れているはずの看護師でもそうなのだから、老人虐待はどこでも起こり得る。悲しいかな、いつの時代もストレス発散は弱者に向けられるのだ。

誰かを犠牲にして、あるいは自分が犠牲になるよりは、介護はビジネスと割り切って、金を払ってプロの世話になったほうがいい。

まずベースになるのは公的な介護保険制度。

介護保険制度は四〇歳から国民全員が加入して保険料を負担し、介護が必要と認定されたときに、費用の一部（原則一〇％）を支払って介護サービスを利用する制度だ。六五歳以上は第一号被保険者（保険加入者）に分類されて、介護や支援が必要と認定されたらサービスを利用できる。四〇歳以上六五歳未満は第二号被保険者で、特定の病気が原因で介護や支援が必要と認定されたときにサービスを利用できる。

ちなみに介護保険料は所得に応じて決まり、額は市町村ごとに異なる。第一号被保険者は基本的に年金から天引きされ、第二号被保険者は医療保険として支払う。

介護サービスを受けるためには介護認定審査会の判定に基づいた要介護認定が必要だが、介護認定の低さや、必要な介護が受けられないなどの問題も数多く起きていて、今後の制度改善が望まれるところだ。

また、公的介護保険を補完するための民間の介護保険もある。民間の介護保険は介護が必要になったときに実際の介護サービスではなく、現金が支給される。その保険金で公的介護保険では足りないサービスを買うわけだ。

民間の介護保険の場合、給付年齢の制限はないが、要介護認定の基準が公的介護保険とは違うので、加入時によく確認すること。

掛け捨ての民間介護保険に入るのはもったいないと思うかもしれないが、万が一の時を考えれば手厚い保証を確保しておくという判断もある。保険が無駄になったとしても、それは喜ばしいことなのだから。

〈畑村〉

自分が介護する立場に立って考えてみよう。介護されるほうも大変だが、介護するほうも大変である。

もし親の介護が必要になったとき誰が面倒を見るのか。自分が会社で責任ある仕事をしていれば四六時中介護をするわけにもいかない。代わりに自分の伴侶が面倒を見ることもあるだろう。しかし、自分の親なのだから自分が面倒を見るのが基本だ。自分で介護をすれば、日中の仕事をこなして疲れきって明日に備えるための休息時間、あるいは一週間仕事をこなして翌週に備えるための週末だけが、親の面倒を見られる時間になる。

結果としてどうなるかといえば、親が生きている限り、仕事と仕事の合間を縫ってプライベートな休息も取れずに介護をし続けることになる。自分ができなければ、伴侶がその立場になる。

親の介護に心身ともに疲れ切ってしまい、その果てに介護にまつわるさまざまな悲しい事件が起きる。現実の生活の中で介護とは、それほど重いことなのである。

唯一の解決手段はお金に思える。しかし中には自分の家族以外、他人の世話になりたくないと、我儘といわないまでも、そう考える親もいる。だからお金だけで介護の問題がすべて解決するわけではない。

＃30　相続

▼相続の落とし穴

人が死ぬと相続が発生する。死亡した人（被相続人）の財産に関する一切の権利義務を相続人が継承することになるが、よく起きるのが親族同士の相続争い。〝争族〟を避けるためには、頭がしっかりしているうちに相続に向けた対策を講じておかなければいけない。

自分が望むような相続をさせたいなら「遺言書」を書く。

遺言とは人が死後に残す意思表示のこと。意思能力のない人の遺言は無効になる。ちなみに満一五歳になれば遺言が残せる。

遺言書の書き方にはいくつかの種類があって、それぞれに様式や方法が決められている。たとえば「自筆証書による遺言」の場合は、遺言者がその全文と日付、氏名を自書して、これに印を押す。遺言を記載する用紙は何でもいい。筆記用具も自由。ただし、自筆で書く場合にはワープロは不可だ。

その他に、遺言者の口述による遺言を公証人が筆記する「公正証書による遺言」、遺言の内容を封印して死後に相続人の立会いの下で開封する「秘密証書による遺言」などがあるが、実際に遺言書を作成する場合には弁護士や司法書士、税理士などの専門家に相談したほうがいい。人生で一度しか経験しないようなことを一から勉強して自分でやるのは効率が悪い。専門家を活用するほうが楽だし、リスクもずっと少ない。

相続で特に気をつけなければいけないのは、財産より債務が多い場合だ。

相続人は財産も債務もどちらも継承しなければならない。債務のほうが多いときは、相続人を守るために、「相続放棄」をするように遺言するべきだと思う。

もし遺言せずに死後三カ月以上経過して、財産よりも債務のほうが多いことがわかったら、その時点では相続放棄ができなくなってしまう。

相続人は相続が開始したことを知ってから三カ月間何もしないと、「単純承認」したことになり、無限に被相続人の権利義務を承継すると民法で定められている。相続放棄は相続開始（死亡日）より三カ月以内に家庭裁判所に申し立てなければならない。

もっと恐いのは被相続人が連帯保証人になっていた場合だ。

債務が確定していれば、相続放棄の判断は簡単にできる。しかし連帯保証はあくまで保証債務だから、それが発生するまでわからない。

相続開始から三カ月が過ぎると相続放棄ができないので、相続人は自動的に借金の連帯保証人になってしまう。通常ならトータルの財産からトータルの債務をマイナスして相続税が決まってくるが、相続開始から三カ月経過してから連帯保証債務が発生した場合には身に覚えのない莫大な借金に突然襲われ、なおかつ税金も引いてもらえない、という非常事態に陥る。

被相続人は連帯保証債務があることを言い残さなければいけないし、相続人は相続開始から三カ月以内に財産を徹底的に調査したほうがいい。たとえば被相続人が事業主だったりすると、家族に内緒で連帯保証をしていることも少なくない。何年も前の話で被相続人が連帯保証をしていたことをうっかり忘れているケースだってあるのだ。

連帯保証債務のように後から債務が発生する恐れがある場合には、「限定承認」という方法もある。

限定承認は相続を受けたプラスの財産の範囲内で債務を負担する相続方法だ。たとえば一億円の財産を相続したら、もし十億円の連帯保証債務が後から発生しても、一億円分の債務を負うだけで済む。

限定承認も相続開始から三ヵ月以内に家庭裁判所に申し立てる。三ヵ月経つ直前になったら無条件に限定承認するというのもリスク回避の手段だ。

単純承認。相続放棄。限定承認。相続の方法には三つのパターンがあり、相続開始から三ヵ月以内にアクションを起こさないと自動的に単純承認したことになるという原則を忘れてはいけない。


〈畑村〉


遺言状で何を遺言するという以前の問題として、どこに財産と負債があるのかがわかるような財産目録などを残すべきである。

私の知人の親が亡くなった。その親は財産目録を残さなかったから後でとても困ったことが起こったそうだ。知人は親が亡くなったのち、家族で財産を調べ、相続の届出をして税金を払ったが、後になって税務署がやってきて、「あなたのところにはリストから漏れている財産がある」という。よくよく調べてみたらそれが出てきたというのである。税務署の指摘に従って証券会社に問い合わせてみると、三〇年前に証券会社に預けたままの株券が見つかったという。

すでに相続税の法定納期限を過ぎていたが、意図的ではなかったということで重加算税は取られなかったものの、過少申告加算税と延滞税はキッチリ取られたという。それで終わりかと思ったら、同じようなことが後から後から起きて友人はすっかり参ったという。

遺族は目に見える財産しかカウントできない。残された人たちに面倒をかけないためにも、亡くなる親は財産と負債の状況をきちんと伝えておいてほしいものである。

▼知っておくべき相続税の知識

併せて相続税についての基礎知識を説明しておこう。

まず相続人の範囲と順序について。必ず相続人になるのは配偶者。配偶者とは婚姻の届出をした夫または妻のことであり、内縁関係にある人は含まれない。

配偶者とともに被相続人の子供も相続人になる。子供は嫡出子（法律上の婚姻をした夫婦間に出生した子供）だけではなく、認知していれば非嫡出子も相続人と認められる。ただし、法定相続分は嫡出子の二分の一。

子供が被相続人の相続開始前に亡くなっているときや相続権を失っているときは、孫（直系卑属、つまり直系の孫）が相続人になる。子も孫もいないときには父母、さらに父母がいないときには祖父母（直系尊属）が相続人になる。被相続人に子供も孫も父母も祖父母もいないときには、被相続人の兄弟姉妹が相続人になる。

法定相続分の基本は配偶者が二分の一で子供が二分の一。子供が二人以上いれば、その相続分は均等割。配偶者がいない場合はすべての財産を子供が相続する。

配偶者と親が相続人になった場合には、配偶者が三分の二で、親が三分の一。配偶者と兄弟が相続人になった場合には、配偶者が四分の三で、兄弟が四分の一。

つまり相続の優先順位は配偶者、子供、親、兄弟の順になっているわけだ。

遺言による相続、つまり「遺贈」の場合はこの限りではない。内縁の妻でも遺言があれば相続できる。ただし一親等の血族及び配偶者以外が相続する場合には、相続税が二割加算される。

さて、相続税は遺産の総額（課税遺産総額）に対して決定され、あとは相続人各人が受け取った分の財産の割合で収めるのが基本だ。相続や遺贈によって財産を取得した相続人各人の課税価格の合計額が、「遺産に係わる基礎控除額」を超える場合には、その財産を取得した人は所轄の税務署に相続税の申告をする。

ちなみに相続税申告書の提出期限（法定納期限）は相続開始の日から一〇カ月目の日までで、遅れたら遅れた分の延滞税を納付しなければならない。

相続人＼遺産の価額		1億円	2億円	3億円	5億円
配偶者と子供1人	配偶者	0万円	0万円	0万円	0万円
	子	175万円	1,250万円	2,900万円	6,900万円
配偶者と子供2人	配偶者	0万円	0万円	0万円	0万円
	子	50万円	475万円	1,150万円	2,925万円
	子	50万円	475万円	1,150万円	2,925万円
配偶者と子供3人	配偶者	0万円	0万円	0万円	0万円
	子	17万円	271万円	667万円	1,758万円
	子	17万円	271万円	667万円	1,758万円
	子	17万円	271万円	667万円	1,758万円
配偶者と子供4人	配偶者	0万円	0万円	0万円	0万円
	子	0万円	169万円	450万円	1,188万円
	子	0万円	169万円	450万円	1,188万円
	子	0万円	169万円	450万円	1,188万円
	子	0万円	169万円	450万円	1,188万円

注1：遺産の価額は、各人の相続税の課税価格の合計額（遺産にかかわる基礎控除額控除前の金額）
注2：相続税額の計算にあたっては、配偶者の税額軽減を適用し、税額は1万円未満を四捨五入してある

図23　被相続人の遺産が法定相続分により相続された場合の相続税額の試算

　遺産にかかわる基礎控除額は五千万円＋（一千万円×法定相続人の数）だから、たとえば配偶者と子供二人の相続人だったら八千万円までの相続は無税になる。

　普通のサラリーマンだったら財産として残すのは預貯金と被相続人名義の自宅ぐらいのものだろう。相続ではその自宅も二四〇平米までは八〇％の評価減にしてもらえる。すると預貯金と土地資産を足しても財産は八千万円に満たないことが多いから、ほとんどのサラリーマンは相続税の対象にならない。よほどの金持ちでなければ、

相続税の心配をする必要もないのだ。

一億円以上の相続が発生したお金持ちのための相続税早見表は**図23**の通り。参考にして欲しい。

借入金や未払金、未納の国税や地方税など被相続人の債務は財産から控除できる。それから生命保険や死亡退職金はそれぞれ、五百万円×法定相続人の数までが非課税だ。

また配偶者には特別の控除規定があって、相続財産の法定相続分（通常は二分の一）と一億六千万円の大きいほうの金額まで相続税が無税になる。たとえば二億円を相続しても、四千万円分に対してしか相続税がかからない。

相続税がかからないようにするための節税方法はいろいろある。たとえば簡単なのは贈与税の基礎控除を活用する方法。生前に基礎控除の限度額である百十万円ずつ毎年相続人に贈与する。五人の相続人に一〇年贈与し続ければ五千五百万円。それだけの財産が無税で移せるわけだ。

いずれにしても相続税対策をする場合には一〇年ぐらいの期間が必要になるので、信頼できる専門家に相談することを勧める。

＃31　借金

▼借金の危険

「借金は男の甲斐性」などというが、カード一枚で手軽にキャッシングできる今は甲斐性でも何でもない。自己投資や前向きな借金はまだ許せる。しかし、ただ消費するための借金は止めたほうがいい。

借金はまず公的金融機関（国民生活金融公庫など）や銀行などに借り入れの相談をする。公的金融機関や銀行は使途や貸付条件の審査は厳しいが、利率は低い。銀行が貸してくれないときは、条件が揃ってないということなので、借金自体の再検討を要する。借りるときに考慮しなければいけないのは金利。簡単に貸してくれるところは金利が高いし、取り立ても厳しい。

ちなみに各種金融機関の現在の金利の目安は次の通り（二〇〇五年一月現在）。

公的金融機関　年利一〜三％
銀行　年利二〜五％
クレジットカード　年利九〜二八％
大手サラリーローン　年利一二〜二五％
中小サラリーローン　年利一八〜三六％
街金《まちきん》　一〇日で一割（一〇％）〜三割（三〇％）

以上のような金利の借金が返済できるかどうかをよく考える。考えずに借金をすると、その借金を返すためにまた別の借金をして、どんどん金利の高い金を借りるようになり、債務は雪ダルマ式に膨らんでいく。最後には多重債務に陥って身動きが取れなくなって、身の破滅だ。

自分の収入でどのくらいの返済ができるかを計算して借入額を決める。

たとえば金利八％で百万円借りたとしよう。返済額は百八万円。しかし、この百八万円は税引き後の所得で返済する。つまり、所得税が二〇％の人だったら税金込みで約百三十万円を稼いで、ようやく百八万円の支払いに充てることができるわけだ。このように借金の返済というのは元金と金利に税金がプラスされているのだ。

当てにならない収入を頼りに借金してはいけない。本当に借金の必要があるのかどうかよくよく考えるべきだ。

〈消費者金融〉

消費者金融には大手から貸金業登録をしていない悪質業者まであり、消費者金融の収益性に目をつけた大手銀行が大手の消費者金融を傘下に収めつつある。基本的に正規の貸金業者で貸金業規正法に定められた年率四〇・〇〇四%を超える業者はいない。

消費者金融の利率は一二～二九・二%くらいで、大きい業者ほど利息は安い。融資方法は無担保ローンで借入金額は五十万円くらいまでが多い。返済回数は最大六〇回（五年）程度。簡単な審査で当日に貸し出しをする。貸し出し限度額は初回十万円程度だが、利用回数が増えると限度額も増える。

利用の際には運転免許証、健康保険証、年金手帳など身分を証明するものが必要。給与明細を求められる場合もある。

銀行やノンバンクと同じく、消費者金融業者も業界もしくは自社で信用情報機関を持っている。未払い、遅延、破産などの事故情報に載ることを「ブラックリストに載る」と言い、銀行系では五年間、ノンバンク系では七年間融資が受けられなくなる。消費者金融も、ブラックリストに載った顧客には貸し出しをしない。

〈街金〉

街の金融業者という意味だが、これも貸金業登録をしている正規の業者と登録していない悪質業者がある。基本的には法人を相手に手形や小切手を担保に貸付をする。三百万円くらいまで貸付するが、無登録の街金だと利子は「トイチ（一〇日で一割）」や「トサン（一〇日で三割）」。トイチは年利に直すと三六五％。しかも利息を先取りして貸し付けるので、実質的には四〇五％もの暴利を貪る。手を出してはいけない。

▼多重債務と自己破産

いくつもの金融機関や消費者金融などから借金して返済不能になった人を多重債務者という。多重債務に陥ると次々と返済日がやってきて返済を迫られる。返済が滞ると電話や訪問でしつこく督促されて、身の危険すら感じるようになり、精神的ダメージが大きい。

無駄な消費のための借金で多重債務になるのはもちろんのこと、住宅ローンなどの返済のためにクレジットカード会社や消費者金融から金を借りるのは絶対に止める。癖になると多重債務者へ一直線だ。ローンが返済できなくなったら、借入の金融機関に相談して返済計画を練り直す。無理であれば、家を手放すことも選択肢に入れて解決すべきだ。

多重債務に陥ったら、最後の手段は「自己破産」しかない。

裁判所に自分から破産を申し立てることを「自己破産」といい、借金の返済が不能であると裁判所が判断すれば「破産宣告」がなされる。さらに債務の「免責」の申し立てをして、裁判所が免責決定の判断を下して免責が確定すると、借金はすべて帳消しになる。

ただし賭博や浪費などで過大な借金を作ったり、財産を隠したり、特定の債権者だけに有利に弁済したり、裁判所に虚偽の陳述をするなどの「免責不許可事由」があると免責は受けられない。

自己破産すると一生惨めな人生を送らなければならないような印象があるかもしれないが、生活上のデメリットは実はそれほどない。

破産宣告が出るとめぼしい財産は処分されて債権者に分配されるが、生活必需品などの家財道具までは差し押さえられない。破産宣告が出たあとに得た収入や財産は原則として自由に使えるし、給料も差し押さえられない。自己破産が戸籍や住民票に記載されることもないし、就職や結婚にも支障はない。選挙権も被選挙権も損なわれない。

仕事をクビになることもないが、公法上の資格制限はあって、弁護士や公認会計士、税理士、宅地建物取引業者、金融機関の警備員など他人の金銭に関係する職業には就けない。会社の取締役や監査役にもなれない。破産宣告者は一定期間ブラックリストに載るので、金融機関からの融資を受けるのはちょっと無理。カードも発行してもらえない。

また、一度破産して免責決定を受けると、免責決定後一〇年間は免責決定を受けられない。ちょくちょく自己破産、というわけにはいかないのだ。


〈畑村〉


「失敗学」の世界では私は「許される失敗と許されない失敗がある」と説いているが、借金にも同じことが言えると思う。許される借金と許されない借金、言い換えれば、やるべき借金とやってはいけない借金がある。

「借金はとにかくいけない」という考え方は、「失敗はすべて悪」と決めつけることによく似ている。人は失敗から多くのことを学ぶように、借金が人生のプラスに作用することもある。

自分がするのはどういう種類の借金なのかをよく考えよう。たとえば、自分が好き勝手に遊ぶための金を借りるというのは論外である。借金してでもパチンコをするような人の人生はすでに破綻しているに等しい。

多いのは収入不足で個人の生活費の補塡《ほてん》をするために借金をするケースだ。生きていくためには止むを得ないことかもしれないが、現状に甘んじたままダラダラと返す当てのない借金を続けるのはやはり許されない。

事業に使う資金を借りる際に、個人保証のような形で借金することもある。事業をするのは一つの賭けだから、借金してでもやらなければいけないときもある。元手がないときに、それでもスタートしなければいけないと自分で決断したら、借金も致し方がない。もちろん目算が甘い勝負に借金して挑むのは賢くない。

自己投資のために借金することもある。その自己投資がいつか返ってくるのなら、それはやるべき借金だろう。ちなみに家を買うための借金はやるべき借金だと皆思い込みがちだが、本講義で何度も説明しているように、結果としてやってはいけない借金に分類される危険性が高い。

＃32　保険

▼生命保険の実際

病気、怪我、事故、火災、地震、ホール・イン・ワン……人生には不測の事態がしばしば訪れる。そのときに備えて保険に入っておくのは重要なリスクヘッジだ。しかし、無意味に保険を掛け過ぎて保険料が日々の生活の負担になっても困る。保険の選択は人生のバランス感覚が問われるのだ。

一口に保険といっても多種多様な商品があるので、ここでは生命保険と損害保険に絞って説明しよう。

生命保険とは人が死亡したり、心身に障害を受けたことを原因に金銭の給付を受ける契約だ。大勢の人がわずかずつの金（保険料）を出し合って大きな共有の準備財産を作り、万が一のことがあったときには、この準備金からまとまった金（保険金）を出して、経済的に助け合う仕組みで、もともとは相互扶助の理念から生まれた。

現在の生命保険制度では死亡率を使って、それぞれの年齢・性別に応じた保険料を算出している。

死亡率の基本になっているのは「大数の法則」。サイコロを振れば振るほど、一～六の目が出る確率はそれぞれ六分の一に近づく。人間の生死についても大数の法則が成り立つ。つまり、日本人のある年齢の男（女）性の死亡率は毎年ほぼ一定している。生命保険はこうした考え方を基本にして保険料を算定している。

もし生命保険に加入する人々の危険度が一定の範囲のものでなければ、死亡率は大数の法則に当てはまらなくなる。ゆえに、被保険者の健康状態などが一定の範囲内になるように選択する必要があり、そのために保険会社は加入の際に「告知」を義務づけたり、健診を行うのだ。

生命保険は一見複雑だが、その基本形は三つに分類できる。

1. 死亡保険　被保険者が死亡または高度障害になった場合に限って保険金が支払われる保険。保険期間を定めているものを定期保険、保険期間が一生にわたるものを終身保険という。

2. 生存保険　契約してから一定期間が満了するまでに被保険者が生存していた場合の

み保険金が支払われる保険。

3．生死混合保険　死亡保険と生存保険を組み合わせた保険。被保険者が保険期間の途中で死亡または高度障害になったときや、保険期間満了まで生存したときに保険金が支払われる。死亡保険と生存保険を同じ割合で組み合わせたものが養老保険。養老保険に定期保険を上乗せしたものを定期保険特約付き養老保険といい、満期保険金より死亡の場合の保障が大きくなっている。

また、保険期間中に資産の運用実績に応じて保険金額が変動するか否かによって、「定額保険」と「変額保険」にも分類できる。変額保険は保険会社の運用成績に左右されるので、投資の危険性も大きい。バブル期には保険会社が高額の変額保険を銀行ローンとセットで顧客に勧めて大きな損失を発生させて、社会問題化した。

さて、生命保険に加入する際のポイントとは何か。

生命保険は健康状態のよい人を対象に設計されているので、病気などがあるときは割増保険料を取られたり、加入できないこともある。

生命保険は万一のときの保障であって、自分に事故が生じたときに家族の生活を支えるものだ。守るべき家族のない若い人が大きな保険に加入するのは費用対効果が悪い。

また家族の生活保障といっても、自分が死後、家族が三年くらい安心して暮らせるだけの保険金を目安に契約金額を決めるようにする。子供の年齢にもよるけれど、二千万〜三千万円程度で十分なのではないか。保険金額の大きい生命保険は安心感があるが、保険料と収入のバランスが悪くなる。

生命保険はインフレに非常に弱いということも知っておきたい。保険料を支払うのは現在、保険料を受け取るのは将来（事故が発生したとき）。インフレ率を割り引くと受取額は案外少なくなることを覚悟したほうがいい。たとえば年三％のインフレ率で考えると、三〇年後の一億円は現在の価値にして四千百二十万円、三千万円は一千二百三十六万円にしかならない。

生命保険はインフレ率を組み込んで設計されている金融商品だが、予想以上のインフレになると実質的な手取額の目減りが起きる。日本の財政が破綻してスーパーインフレがやってくる可能性もなくはない。そういう時代には貯蓄型の生命保険より、掛け捨て型のほうが効率的だ。

相互扶助が基本といっても、保険会社そのものは営利法人。大抵の保険会社は顧客にとって適正な保険よりも利益の大きい高額な保険を勧めてくる。支払う保険料のうち、実際の支払いに使われるのは約三分の一で、準備金と事業費にそれぞれ三分の一が回される。実際に支払うのは「万が一」だから、高額な保険に加入させたほうが保険会社のメリットは大きい。

「将来性のある貴方にはこのくらいの保険が絶対必要です」と自尊心をくすぐってきたり、「生命保険は奥様や家族に対する愛情のバロメーターです」と家族愛に訴えるのは常套句。セールストークに乗せられないように注意しよう。

▼損害保険の実際

損害保険は偶然の事故によって生じた実際の損害額に応じて保険金を支払う「実損払い」の保険で基本的には一年契約だ。あらかじめ約定された額を保険金として支払う「定額給付」の生命保険とは性質が異なる。

最近は損害保険にも生命保険にも属さない「第三分野の保険」として「傷害保険」や「医療保険」「ガン保険」「介護保険」「所得補償保険」などが登場してきた。これらの保険は生保、損保、どちらでも取り扱うことできる。

転ばぬ先の杖というけれど、転んだ場合を勘定に入れて対処するには保険が有効であり、ほとんどあらゆる「転んだ場合」に対応しているのが損害保険だ。

「そんなこと滅多に起きないよ」と思うかもしれない。しかし甘く見ると泣きを見る。

滅多に発生しない事故なら保険料は安い。その事故が起きたら致命傷になると思ったときには損害保険に加入したほうがいい。

特に火災（家財）保険、傷害保険、自動車保険は必須の保険。もしペットを飼っているなら「損害賠償責任保険」にも加入すべきだ。補償額に比べれば保険料は千円程度なので非常に安い。

中古住宅や建売住宅の購入契約をしたら、住む前でも火災保険に必ず加入すること。購入契約をした時点で物件を引き渡したことになり、買った住宅が燃えても責任は買主が原則。火災保険に入ってないと、住む前に家が焼け崩れてローンだけが残るという悲惨な目に遭いかねない。

運転免許保持者なら、自動車を運転する場合には自動車保険は必ず掛けなければならないことは知っているだろう。

自賠責保険は強制加入。任意の自動車保険は、非保険自動車あるいは被保険者のそれぞれの危険度に応じて用途・車種別、保険事故実績、運転者の年齢、運転者の範囲などにより保険料が異なる。

対人賠償保険は保険金額無制限で加入するべし。死亡事故を起こしたり、相手に障害が残るような重傷を負わせてしまったら、結局は金銭でしか償いようがない。無制限の保険だけが救われる道だ。

対物賠償保険も、できるだけ保険金額を大きくしたほうがいい。たとえばマグロの冷凍車と衝突したり、列車事故を起こした場合には、数千万円の損害賠償責任が生じる。ちなみに保険金額が二千万円でも四千万円でも無制限でもそれほど変わらない。

対人・対物保険をケチって事故を起こすと損害賠償責任を負担しきれずに大変なことになる。保険料をどうしても安くしたい場合には、免責額を大きくするのが賢い保険のかけ方だ。


〈畑村〉

どんな保険をどう掛けたらいいのか考える機会が、人生には少なくとも一度はある。それを「保険設計」という言葉で表現することにしよう。

保険設計というのは自分の人生における活動計画そのものである。自分の人生の中で、どんなことがどういう確率で起こり得るのかを考え、それに備えて保険を掛ける。保険とは人生のリスクヘッジであり、自分の人生を担保する所作なのだ。

自分の人生をどうするかというプロジェクトを立てるときに、保険設計は格好の仮想演習になる。自分はどんな世界でどんな行動をするのか。どんな生活をしようとしているのか。そこにどんなリスクが潜んでいるのか。そうしたことを頭の中で仮想演習して保険を設計する。仮想演習に考え落としがあると「あの保険に入っておけばよかった」と後悔することになる。あり得ると思ったことは必ず起こると考えなければいけない。火事を起こしてから火災保険に入っておけばよかったと思っても遅い。

本当に必要なものを組み合わせた保険設計は、人生という壮大なプロジェクトを強いプロジェクトにしてくれる。

聴講記

時間の制約がある大学での講義とは違って、本書では草間氏の頭の中にある「社会人学」を幅広く紹介してきた。どれもが実社会で本当に必要なことばかりだ。

本書に書かれていることを真に受けるもよし、真に受けないもよし。それもまたそれぞれの人の器である。しかし、真に受けて、それを実践して本当によかったと思うようなことがあったときには草間氏に感謝するといい。彼が自分の半生をかけて経験してきた、いわば「経験知」を、誰にでもわかる言葉と形できちんと伝えてくれたのだから。

本講義で語られているようなことは、昔は自分の親や周りの大人たち、会社の上司や同僚、さもなければ部下から、ごく自然に学ぶことができた。人間関係が希薄になってきたこの頃は、それぞれが孤立するようになって、社会で生きていく上で何が大切で何が必要なのかを学ぶ機会が極端に減っている。孤立して何も知らずにいることは、人生の過ごし方としてとても貧しい。もったいないことだ。

草間氏はそのことをよく理解してくれて、東大工学部の学生に教えるという面倒な仕事を引き受けてくれた。その仕事の集大成ともいうべきものをこうした形で世の中に出すことができた。草間氏に感謝したい。

草間氏の講義の特徴は何かといえば、まず「実体験」に基づいていること。それから実態を自分の目で見てモノを考えているという、「実観察」に基づいていることだ。

世の中に体験をした人はいくらでもいる。観察をして批評したり、解説する人は大勢いる。しかし、将来それを必要とする人たちにわかる形で、使える形できちんと知識を伝達するレベルまで高めてくれた人はあまりいない。

本書に書いてあるのは通り一遍の常識や基礎知識とは違う。人生において起きるであろう事柄とその対処法が、客観性と具体性をもって示されている。ある事柄に直面したときに人はどう感じるのか、人の心はどう動くのかという感情の問題も含めて書かれている。単なる情報や理論ではない、裏打ちする理論や哲学が行間に溢れている。それはまさに技術者として生きていくためのエッセンスだと思う。

草間氏がこの講義で主張している生き方を今再び確認しておこう。彼は東大で講義を聴いている学生に向かって次のことを非常に強く主張している。

個の独立。

集団に従属した個ではなく、独立した個になる。個人一人一人が独立してものを考え、価値観を持ち、行動して、精神的にも能力的にも自分を高める。そして、その独立した個人が作り出す集団、それこそが次世代の日本を担う最も強い集団になる――。草間氏も、そして私もそう考えている。

二〇世紀後半、高度成長期の日本は、個よりも集団が優先された。皆で仲良く手に手を取り合う生き方が尊ばれた。先走ったり、飛び跳ねる人は異端視されて、隣の人の動きを見ながら自分も行動するように教えられた。そのほうが楽に生きられたことも確かだ。

集団優先の生き方で日本は優れた工業製品を作り出し、豊かになった。しかし、ある豊かさまで到達してみると、従来のやり方ではその先に進めないことが明らかになってきた。

では、どうすればいいのか。答えは「個の独立」である。埋没してきた個が独立し、独立した個人が組織を作るようになったとき、今までとは比べ物にならない強さを持った集団が生まれるのだ。

本書の中で、アウトプットをしたときにだけ人間の脳内では超高速の思考回路ができるという話を書いた。

脳の思考回路というのは、言ってみれば鉄道の線路のようなもので、人によって多少の違いはあっても、二本のレールと枕木で出来ているという基本構造は変わらない。そして、アウトプットによって出来上がった思考回路というレールの上に、他人の思考（別の車両）を乗せても高速で走らせることができる。つまり、他人の思考を瞬時に理解し、共通認識を得ることができるのである。

自分で考え行動する、アウトプットすることによって高速の思考回路を持った人間同士が集まれば、無限のパワーが発揮できる。まさにそれこそが独立した個が作り出す集団なのである。

草間氏は独立した個になるための生き方、考え方を明かしてくれた。しかし、本書はまだ総集篇に過ぎない。これから先、必要な「経験知」はまだある。もっと嚙み砕かなければならないこともある。第二弾、第三弾でも草間流の講義をして欲しい。

二〇〇四年一二月

畑村洋太郎

おわりに

草間俊介

▼そもそものはじまり

東大工学部で学生向けに講義を始めてから一〇年以上が経った。きっかけは畑村洋太郎教授から『産業総論』という新しい講座を始めるので、授業の講師をしてみないかと誘われたことであった。思うに私が工学部機械科の出にもかかわらず商社に就職しており、いわゆる工学部卒とは違う方向に進んでいたこと、会社で新しい事業を提案して子会社を作り責任者として経営をしていたことなどがちょっと異色なので、こいつに好きに話させたら少しは面白いだろうと考えたらしい。

私自身も、東京大学で講義をするとは面白い経験だと思った。しかし、学生時代には授業中に居眠りばかりしており、成績も下から数えたほうが早かった私みたいなものが東大の教壇に立つなんてことは前代未聞である。先生には「私は下町育ちで口が悪く、品の無いことも平気で言うので、いろいろと問題になりませんか。責任問題になったって知りませんよ」というようなことを言って念を押したら、「責任は全部俺が取るから好きなことを言え」と言われた。流石は親分。これなら断る理由もないので、気楽に引き受けた。

私は昭和四十七年卒業の団塊の世代であるが、その頃の工学部の授業は技術中心のものであり、社会に出てから必要になる社会常識や法律常識、経済常識について教えてくれる授業がなかった。そこで自分が教えるにあたっては、社会人に必要な社会常識などを中心に授業を始めることにした。

連帯保証人にならないこと・頼まないこと、捨て印は押さないこと、時効の話などの法律常識や、会社の選び方、会社の組織や役職、サラリーマンの給料や所得税の話など、将来工学部出身の学生が社会に出たとき役に立つと思われる事柄について講義した。冗談を交ぜながら面白くわかりやすく話すよう心がけたこともあり、学生には概ね好評であった。

一〇年以上にわたり講義をしている間に社会情勢も大きく変わり、それに従い授業内容も徐々に変化してきた。今まで親の世代から受け継いできたいわゆる「常識」が、社会の変化により「常識」として通用しなくなってきていたからである。

たとえば、親の世代にとっては、家を買うことは経済行為として最も報われるものであり、たとえ大きな借金をすることになっても持ち家は必須であった。持ち家は社会的に認められた正義であった。

それに土地は生産できないし、輸入もできないと考えていたのであるが、農産物の輸入や工場の海外移転・進出などにより国内の土地が余ってきて、事実上、土地を輸入したのと同じことが起きてきた。しかも、これからは人口も減り、企業も不要な土地を手放すことにしているので、土地はますます余ってくる。結果、土地神話も崩れていった。日本経済も右肩下がりの時代へと変化しており、デフレの時代がやってきた。借金をして持ち家を買えば損をするばかりでなく、借金に縛られて社会の変化に対応できないというリスクを抱え込むことになるのである。もはや「持ち家は正義」はあてはまらないのである。

いつの時代でも「余りものに値はつかない」という。皆が意識せずにいるのでその大切さに気づかずに使っているものの見かたが、「暗黙知」である。この「暗黙知」こそが真に価値のある知識なのである。

これからの日本を背負って立つ学生には、この「暗黙知」を知り、これらの大きな変化に正しく対応して欲しいと思ってきた。

▼変わっていく日本を生き抜くための「暗黙知」

今日本は潮の流れが大きく変わっていく、まさにその時を迎えているのではないかと思う。ざっと並べてみただけでも、日本の将来が必ずしも明るくないというういろいろな兆候が出てきている。

1. 日本の生産年齢人口（一五歳から六四歳）が二〇〇〇年頃にピークを過ぎた。
2. 出生率も下がり続け、人口も二〇〇六〜〇七年で最大になり、以後は減少する時代となった。
3. 失業率が欧米並みに高くなってきた。
4. 経済が成長から横ばいへと変わった。
5. 中国が高度成長を成し遂げ、アジアの中であらゆる意味で重要性を増してきた。
6. 日本の教育制度は大きな失敗をした。
7. 従来型の景気浮揚策の失敗により財政赤字が一千兆円に近づいた。
8. 年金制度がねずみ講状態になってしまい破綻が必至になった。

9．団塊の世代の定年退職が近づいてきた。

このままでは、日本はこれから「負け」続けるのではないかという危機感を私は抱くようになった。このような状況を打開できるのは、深くものを考え行動する若い世代である。そのような若い世代の一助になれればと願いこの本を書くことにした。

学生や若いサラリーマンは、社会生活をしていく上でいろいろな事象に遭遇する。初めて経験することに対処するには「暗黙知」が必要である。この本を読んで、私が東大で伝えてきた「暗黙知」の一端を学び、さらに自分の頭で考えて欲しい。時代や環境は激しく変わる。それに伴い必要な知識も変わる。

この本で書いたことは、工学部出身者に限らず、今の時代の社会人なら誰でも知っていなければならない「暗黙知」であり、学生や若いサラリーマンが「人生の設計」をするためにぜひ身につけて欲しいことばかりである。

畑村教授はこのような「暗黙知」が学生の役に立ち、社会生活をする上で絶対に必要なものであると主張し、日刊工業新聞社から仲間と出版している『実際の設計』シリーズの一冊として書くことを何年も前から私に強く勧めてくださった。しかしながら、独立自営の身であり時間が一番大事な資源である小生にとっては本を書くなどという道楽に近いことはとてもできない相談であった。社会生活に必要な本を書いたが、書いた当人の社会生活が破綻しましたというのでは洒落にもならないので、断り続けてきた。

先生はそれならというので、いろいろお膳立てをしてくださり、やっとこの本が日の目を見ることになった。そればかりでなく、本の内容そのものも、私が話したことに先生が、マクロな視点から鋭く深く掘り下げた補足や注を入れてくださることで、ぐっと奥行きを増したと感じている。

このような本を上梓できたのはまったく、先輩であり、兄貴であり、恩師であり、親分である畑村教授のお蔭である。深く深く謝意を表したい。

私の拙い表現をわかりやすく改め、辛抱強くつき合ってくれた編集協力の小川剛氏と文藝春秋の髙橋夏樹氏にも深く感謝したい。

また、私が本を書くために協力してくれた最愛の妻秀美に深く感謝し、この本を捧げたい。

本作品は書き下ろしです

草間 俊介（くさま・しゅんすけ）
1948年生まれ。東京大学工学部機械工学科卒業。阪和興業株式会社勤務を経て、1991年独立。エス・アイ・イー有限会社を設立し、取締役社長に。同年株式会社ICDも設立、代表取締役に就任する。2000年に東洋大学大学院法学系研究科を卒業し、01年より税理士事務所を開業、現在に至る。
1990年より現在まで、東京大学特別講師として「産業総論」の講義を行っている。畑村氏の主宰する「技術の創造研究会」では事務局長を務める。

畑村 洋太郎（はたむら・ようたろう）
1941年、東京都に生まれる。東京大学工学部機械工学科修士課程修了。東京大学大学院工学系研究科教授を経て、現在工学院大学国際基礎工学科教授。東京大学名誉教授。
2001年より畑村創造工学研究所を主宰。同年より文部科学省「失敗知識活用研究会」の実行委員会統括も務めている。また02年より特定非営利活動法人「失敗学会」を立ち上げ初代会長に就任。
著書に、『続々・実際の設計――失敗に学ぶ』『実際の設計　第4巻――こうして決めた』『実際の設計　第5巻――こう企画した』（以上、編著・日刊工業新聞社）、『決定版 失敗学の法則』『決定学の法則』（以上、文藝春秋）、『失敗学のすすめ』『創造学のすすめ』『子どものための失敗学』『失敗を生かす仕事術』『大転換思考のすすめ』（共著）、『失敗に学ぶものづくり』（編・以上、講談社）、『「変わる！」思考術』（PHP研究所）、『直観でわかる数学』（岩波書店）など。

東大《とうだい》で教《おし》えた社会人学《しゃかいじんがく》　人生《じんせい》の設計篇《せっけいへん》

2005年1月30日　第1刷　　2005年2月10日　第2刷

著者・草間《くさま》 俊介《しゅんすけ》　畑村洋太郎《はたむらようたろう》

発行者・松井清人　発行所・株式会社文藝春秋　東京都千代田区紀尾井町3-23　電話（03）3265-1211　郵便番号102-8008
印刷・精興社　製本・中島製本

定価はカバーに表示してあります。万一、落丁乱丁の場合は送料当方負担でお取替致します。小社営業部宛お送り下さい。

Printed in Japan　　ISBN4-16-366580-3